킹제임스성경의 번역자들

알렉산더 맥클루어 지음

장준익 옮김

말씀보존학회

The Translators Revived

By

Alexander McClure

Edited by R.E. Rhoades

Maranatha Bible Society, Litchfield, Michigan, USA

킹제임스성경의
번역자들

서 문

이 책은 오래전부터 준비되어 온 책이다. 이 책의 저자인 알렉산더 맥클루어(Alexander McClure)가 "킹제임스성경을 번역한 제임스왕의 번역자들은 어떤 자격을 갖춘 사람들이었을까?"라는 의문을 가진 것은 20년도 더 된 일이었다. 그는 별 어려움 없이 자신의 의문에 대한 답을 얻을 수 있으리라 생각했으나, 큰 실망만 안게 되었다. 번역자 집단 전체의 실력과 믿음에 대한 전반적인 자료들은 충분한 양을 수집할 수 있었으나, 그 어디에서도 번역자들 각 개인에 대한 개별적인 설명은 찾을 수 없었기 때문이다. 번역자 집단 전체가 이루어 놓은 위업에 대해서는, 그 기원과 특성과 결과에 관한 광범위한 역사적 사실들이 세심한 조사가 진행됨에 따라 잘 정리될 수 있었으나, 번역자들 개개인에 대해서는 번역자들의 이름과 그중 몇 사람이 운영했던 연구실에 대한 간략한 소개가 적혀 있는 빈약한 소책자 정도의 자료밖에는 얻을 수 없었던 것이다.

번역자들에 대한 정보를 얻는 유일한 방법은 그들의 이름을 가지고 각 개인과 관련된 정보를 하나씩 찾아나가는 것뿐이었다. 오랜 기간이 소요되었음에도, 왕립위원회 소속의 유명인 몇몇을 제외하고는 번역자들 개개인의 특성과 실력을 분명히 보여 주는 자료는 거의 얻지 못했다. 저자는 번역자들의 대부분에 대해서 이름 이외에는 확인할 수 있는 것이 거의 없다는 사실에 꽤 절망했었다. 그러나 그는 거기서 멈추지 않고, 공립 도서관들에서 자료를 조사하는 데 많은 시간을 할애함으로써, 이토록 중요한 인물들 한 사람 한 사람이 잊혀지지 않고 기억되게 하는 데 점차로 기여할 수 있게 되었다. 결국 그는 영어권 종교 문헌에 관련하여 가장 존중받을 만한 위업인 킹제임스성경 번역을 성취하는 데 있어서, 대부분의 번역자들이 가지고 있었던 번역자로서의 개별적인 적합성을 확인하는 데 성공할 수 있었다. 그러나 단 두 사람, 페어클러프(Fairclough)와 샌더슨(Sanderson)의 개인적인 정보는 끝내 찾아내지 못했다. 저자가 조사하는 데 오랜 시간을 들인 일부 번역자들에 대해서는 찾아낸 정보들이 거의 예수 그리스도의 부활만큼이나 기적으로 보일 정도였다. 그가 믿은 바대로, 대서양 이쪽 편에서 이용 가능한 모든 수단을 이용하여, 접근할 수 있는 모든 영역에 대해서 수행한 조사의 결과로서, 저자는 공인 역본의 충실성과 신뢰성에 관하여 관심을 가진 모든 사람들에게 그 번역자들에 관한 요약된 전기문을 제공할 수 있게 된 것이다. 킹제임스성경이 완성된 17세기 전반부가 영국에서 성경 연구와 동양학 연구의 황금기였다는 사실에 확신을 가지게 되었을 때, 저자는 번역자들이 역사적인 재조명을 받을 자격이 있다는 사실에도 확신을 가지게 되었다. 그 전에도, 또 그 당시까지도 모국어가 영어인 학자들에 의해서 이러한 연구가 이토록 열정적으로, 성실하게, 성공적으로 수행된 적은 없었다. 이렇게 놀라운 결과를 내게 된 것은 모든 영광을 받으시기에 합당하신 하나님께서 그분의 말씀을 섭리적으로 보존하고 계신다는 증거이기도 하다.

"번역자들이 어떤 자격을 갖춘 사람들이었는가"라는 주제에 지금껏 특별히 관심을 가져 본 적이 없는 이들이 그것을 잘 깨달을 수 있도록, 본서에 "소개의 글"이라는 요약 글이 제시되어 있다. 개괄적으로 보면, "소개의 글"은 이미 고인이 된 크리스토퍼 앤더슨(Christopher Anderson)의 다양한 저서들에서 발췌된 것이다. 그는 자신의 뒤를 이을 사람을 위해 밭모퉁이에 이삭들을 매우 조심스럽게 남겨 두었다. 이 주제에 대한 더 세밀한 정보를 원하는 모든 사람들이 앤더슨의 작품들과 그의 작품들을 한 권 분량으로 세련되게 요약한 프라임(Prime) 목사의 책을 감사한 마음으로 읽고 있다.

이 책의 저자가 이 책에 수록된 전기적 자료들을 얻는 데 가장 많은 도움을 받은 작가는 토머스 풀러(Thomas Fuller)와 앤서니 우드(Anthony Wood)이다. 토머스 풀러는 영국의 고전 작가들 중에서 가장 재치가 넘치고 유쾌한 작가들 중 한 사람이었고, 앤서니 우드는 가장 난해하고 냉소적인 작가들 중 한 사람이었다. 이들로부터 얻어진 자료들은 그 자료들이 이들의 다양하고 방대한 작품들 전체에 걸쳐 어떤 부분에 어떤 식으로 흩어져 있든 모두 다 수집되었다. 이 자료들로부터 얻어진 것 외에도, 폭넓은 영역의 서적들로부터 수많은 자료들이 수집되었으며, 추가적인 정보와 연결될 가능성이 있어 보이는 모든 자료들도 함께 수집되었다.

이 자료 수집 작업은 당연히 매우 불완전한 방식에 의존한 것이었다. 왜냐하면 두 세기 이상의 시간이 흐른 뒤였고, 그 기간 동안 아무도 비슷한 작업을 고려한 적이 없는데다, 정보를 찾는 데 이용할 수단도 점차 줄어들고, 그나마 그런 자료들을 얻는 데도 갈수록 어려움이 증가했기 때문이다. 비평적인 독자들은 이러한 불리한 여건하에서 이루어진 이 책의 자료들 속에서 부분적으로 부정확한 내용들을 감지할 것이다. 그러나 그러한 부정확성은 용인될 만한 범주를 벗어나지 않는 선에서만 허용된 것이다.

결론에서 저자는 킹제임스성경의 번역자들에 대해 관심을 가져 줄 것을 각별히 요청하고 있다. 그들의 전기는 정독할 만한 가치가 있는 자료들이다. 결과적으로 보면 이 책은, 번역자들의 숭고하고 거룩한 작업에 대해서, 그들 전체가 존경받을 만한 번역자로서의 충분한 자격을 갖춘 사람들이었다고 결론 내리게 할 만큼 충분한 증거 자료가 된다. 우리는 킹제임스성경의 번역자들이 수행한 번역이 전적으로 신뢰할 만한 것이었다는 가장 강력한 추론적 증거를 확보하게 된 것이다. 우리는 킹제임스성경이 모든 영역에서 통용될 목적으로 이루어진 성경 번역의 "최종판"임을 받아들여야 한다. 최소한 킹제임스성경 번역자들과 동등한 능력을 갖춘 사람들이 나타나 킹제임스성경의 번역을 함께 재조정할 수 있을 때까지는 말이다. 그리고 그러한 때가 아직 오지 않았다는 것은 너무나도 분명하다! 그러한 때가 온다면, 그때 우리는 그 일을 계승할 사람들 안에 킹제임스성경 번역자들이 갖추었던 폭넓은 학식과 지혜와 경건한 믿음이 되살아나 있는 것을 발견하게 될 것이다!

편집자의 글

본서는 알렉산더 맥클루어의 저서 〈킹제임스성경의 번역자들, The Translators Revived〉의 원본을 출판된 당시의 상태 그대로 각 글자 하나하나가 충실하게 인식될 수 있는 스캐너로 입력을 받아서 컴퓨터에 저장했던 자료이다. 원본은 1858년에 출판되었으나, 책이 낡았고, 깨진 금속 활자와 지면상의 흠집으로 인해, 원본을 그대로 복사하여 책으로 출판하기에는 적합하지가 않았다. 또한 스캐너가 특정한 기호들을 인식할 수 없었기 때문에 편집자가 본문 틀 속에 일일이 각주를 입력해 넣어야 할 필요도 있었다. 각주는 애스터리스크(*)를 사용하여 표시했으며, 해당 내용을 본문이 들어 있는 페이지 하단으로 빼지 않고 본문 속에 그 내용을 괄호로 묶어서 표기했다. 본문과 관련이 없는 일부 각주는 생략했다.

R.E. 로우즈(R.E. Rhoades)

목 차

이 책에 인용된 성경 구절은 〈한글킹제임스성경〉입니다.

소개의 글

어떤 언어로든 성경을 번역한다는 것은 그 언어를 사용하는 사람들에게는 가장 중요한 사건의 하나이다. 그러나 그 번역본이 수세기에 걸쳐, 지상에 흩어져 있는 수많은 사람들에 의해, 수많은 책으로 만들어져 읽혀져야만 한다고 했을 때, 그 번역은 가장 도덕적인 작업이며, 동시에 역사상 가장 흥미로운 작업이 될 것이다. 그러므로 성경을 영어로 번역하고 출판하는 일은 현대사에서 가장 중요한 사건을 형성하는 작업인 것이다. 성경 번역은 다른 번역과는 완전히 다르다. 번역된 성경은 수많은 사람들에게 모국어로 주어진 하나님의 살아 있는 말씀이며, 그들의 영원한 번영에 영향을 주는 모든 것에 대한 가장 확실하고 안전한 가르침이다. 그것은 과거에도 그랬고, 현재도 그러하며, 미래에도 그러할 것이다.

베너러블 비드(Venerable Bede)

성경 일부를 영국인이 사용하는 일상의 언어로 옮기려는 다양한 시도가 여러 번에 걸쳐 있었다. 이러한 시도들 중에서 가장 주목할 만한 것은 앵글로 색슨어로 번역된 요한복음이다. 이것은 A.D. 735년 5월에 감옥에서 죽은 노섬브리아의 수도자였던 "베너러블 비드"(Venerable Bede)가 자기 생애의 마지막 시기에 번역한 것이다. 그의 죽음에 대한 매우 흥미로운 기록이 그의 제자이자 전기 기록자인 커스버트(Cuthburt)에 의해 남아 있다. 비드가 생을 마감하던 날 저녁 무렵에, 그의 제자 한 사람이 그에게 말했다. "사랑하는 스승님, 이제 한 문장이 남았습니다." 그는 대답했다. "그렇다면 빨리 적어라." 그리고 그는 꺼져 가는 등불의 마지막 불꽃의 힘을 모아, 거룩한 말씀을 받아 적게 했다. 제자가 작업이 다 끝났다고 말하자, 그가 말했다. "네 말이 맞다. 끝났다." 그는 자신을 일으켜 달라고 해서, 그가 늘 개인적인 기도를 위해 무릎을 꿇었던 그 방의 한쪽 자리로 갔다. 그는 늘 하던 대로 거기에 앉아서, 하나님 아버지께 간구를 드리려는 것이었다. 그때 그는 "하나님 아버지와, 그분의 아들과 성령께 영광이 있을지어다."라는 짧은 찬송을 불렀는데, 마지막 부분을 부르면서 숨을 거두었다.*

*(네안더, 〈회상록, Denkwurdigkeiten〉, 제3권, pp.171-175; 풀러, 〈교회사, Church History〉 1권, pp.149-151 참조.)

존 위클리프(John Wycliffe)

비드가 죽은 후 200년이 지나 왕위에 오른 존경스러운 알프레드왕(King Alfred)은 앵글로 색슨어로 시편을 번역하였다. 그러나 널리 보급하기 위해 출판된 첫 완역본은 1380년경 존 위클리프에 의해 번역된 것이었다. 위클리프의 번역은 "성령에 의해 기록된 히브리어와 헬라어 원본"에서 번역된 것이 아니고, 4세기 후반부에 제롬(Jerome)에 의해 만들어진 라틴 벌게이트에서 번역된 것이다. 존 위클리프는 1324년 영국 요크셔에서 태어났다. 그는 사제였으며, 옥스퍼드 대학교의 신학 교수였다. 그의 열렬한 믿음은 성경을 통해서 생겨난 것이다. 그는 흔히 "프로테스탄트 개혁의 샛별"이라고 불리며, 암흑기에 흩어져 빛나던 빛들 중에서 가장 밝은 빛의 하나이다. 그는 "종교 개혁 이전의 개혁가"로 불리기도 한다. 마틴 루터처럼, 카톨릭의 오류와 부패에 대한 반대는 처음에는 몇 가지에 국한되어 있었다. 그러나 그는 기도, 성경 연구, 하나님의 은혜를 통하여 진리의 순수성을 향하여 꾸준히 전진해 가게 되었다. 교리적으로는 현재의 칼빈주의와 유사한 믿음을 가지고 있었고, 교회의 규율에 있어서는 현재의 회중교회적인 규율과 일치하는 관점을 가지고 있었다. 많은 기소와 박해를 받은 후에, 그 유명한 랜캐스터의 공작인 존 오브 곤트(John of Gaunt)의 강력한 보호하에서 생활하다가, 1384년 러터워스에 있는 자신의 목사관에서 신실하고도 험난했던 삶을 마감했다. 41년 후에 카톨릭의 콘스탄츠 공의회의 명령에 따라, 무덤에서 뼈들이 꺼내지고 불태워져 근처 시내인 스위프트에 뿌려졌다. 토머스 풀러는 다음과 같이 말했다. "그래서 이 시내가 그의 재를 에이번강으로 옮겼고, 에이번강은 그의 재를 세번강으로 옮겼으며, 세번강은 그의 재를 가까운 바다로 옮겼고, 그 바닷물은 그의 재를 대양으로 옮겼다. 위클리프의 재는 그의 교리의 상징이며, 이제는 전 세계에 퍼져 있게 되었다."*

*(유명한 작가인 워즈워스에게서 인용한 이 고귀한 문장은 워즈워스의 기

독교 신앙의 시들 중 하나로 작시된 것이다. "너 작은 시내야, 이 재들을 에이번강으로 옮겨 가려무나. 에이번강은 세번강의 물결 속으로, 세번강은 가까운 바다로, 그리고 대양으로, 이렇게 이 저주받은 상징이 친구들과 적들에게 보내지는구나. 용감한 선생의 교리가 어떻게, 진리로 신성케 되어, 세상 도처에 퍼져 나가게 되었는가.")

위클리프의 성경 번역은 인쇄기 발명 이전에 이루어졌기 때문에, 많은 양이 필사되었음에도 불구하고 값이 매우 비쌌다. 니컬러스 벨워드(Nicholas Belward)는 위클리프의 신약성경을 소지했다는 죄명으로 카톨릭에게 고문을 당해야 했다. 그 신약성경의 가격은 4마르크 40펜스였는데, 당시의 화폐 가치는 지금보다 훨씬 컸기 때문에, 부목사 한 사람에게 줄 연봉으로 충분한 금액이었던 것으로 추정된다. 1858년 현재 동일한 가치의 금액으로 환산하면, 잘 인쇄되고 제본된 신약성경을 수백 권 살 수 있는 금액이다. 이러한 일은 인쇄술이 가져온 경이로움이다. 마틴 루터는 이러한 인쇄술을 하나님께서 섭리적으로 인도하신 "마지막이자 최상의 선물"(Symmum et postremum donum)이라고 부르곤 했다. 인쇄술은 "모든 시대와 모든 국가에 걸쳐, 과학과 예술과 도덕을 확산시키는, 인간 지식의 거대한 저수지"*가 되었다. *(다윈, 〈동물생리학, Zoonomia〉 1권, p.51). [역자 주: 이 책의 저자는 찰스 다윈의 조부 에라스무스 다윈이다.] 옛 작가의 말대로 우리는 "성경의 가격이 낮아져도 결코 성경의 가치가 낮아지지 않기를" 바라도록 하자.

영어 성경의 보급이 필사에만 의존되어 매우 제한적이었기 때문에, 영어 성경이 당시의 수도승 학자들에게 아무런 문제가 되지 않았다. 그런데도 그 수도승 학자들 중의 한 사람인 헨리 드 나이턴(Henry de Knyghton)은 다음과 같이 말했다. "존 위클리프가 성경을 라틴어에서 영어로 번역하였다. 성경 말씀은 예수 그리스도께서 교회의 성직자들과 학자들에게 맡기신 것이다. 그들은 그 사역을 시대의 상황과 사람들의 필요에 맞추어 평신도와 힘없는 사람들에게 실행해야 한다. 그런데 위클리프에 의해 성경이 라틴어에서 영어로 바뀌자, 성경 말씀이 평범한 것이 되어 버렸고, 평신도들에게 더 많이 알려지게 되었다. 읽을 줄만 안다면 여성들도 성경을 직접 보게 되었다. 성경은 가장 학식 있는 사람들인 성직자들과 성경을 가장 잘 이해할 수 있는 사람들에게만 주어져 있었던 것이다! 이전에 교회의 성직자와 학자들의 높은 재능 앞에 놓여 있던 성경이 이제는 평신도들에게도 영원히 평범한 것이 되어 버렸다."

만약 필사를 통해서 영어 성경이 보급되는 것이 이러한 카톨릭적 애가를 불러일으켰다면, 나중에 인쇄를 통해 영어 성경이 보급되는 것이 어떠한 격분을 일으켰는지 생각해 볼 필요도 없다. 카톨릭의 지구장 신부였던 롤런드 필립스(Rowland Phillips)는 1535년 런던의 세인트폴스 크로스(세인트폴스 대성당에 있는 노천 설교단)에서 행한 유명한 설교에서 다음과 같이 선언했다. "우리는 인쇄를 뿌리 뽑아야 한다. 아니면 인쇄가 우리를 뿌리 뽑을 것이다!"

카톨릭의 저항에도 불구하고, 위클리프의 성경 완역본은 매우 많이 필사되었다. 그의 완역본의 필사본은 그의 신약성경 필사본만큼이나 많이 존재한다. 게다가 성경 낱권의 필사본들도 그 수가 많다. 그 필사본들은 가독성도 뛰어나고 필체도 매우 아름답다. 이것은 그 필사본들이 만들어

질 때 매우 정성들여 만들어졌을 뿐만 아니라, 거의 500년이 지난 오늘날까지 그것을 보존하는 데도 매우 정성을 기울였음을 보여 주는 것이다. 위클리프의 신약성경은 그 성경이 완역된 지 350년 후인 1731년에 인쇄되었다. 위클리프의 성경 전체는 수년 전까지만 해도 출판되지 않았었는데, 최근 옥스퍼드 대학교에서 출판했다. 위클리프 성경의 원문인 라틴 벌게이트와 함께 대역 성경으로 출판되었다.*

*(편집자 주: 존 위클리프의 영어 성경 전체는 옥스퍼드 대학교 출판부에서 1850년에 처음으로 출판되었다. 4권짜리 큰 책으로 출판되었으며, 당시로는 꽤 높은 가격으로 구입해야 했다. 편집자도 1850년판 위클리프 성경을 가지고 있으며, 1611년판 킹제임스성경을 연구할 때 비교 주석용으로 사용했다.)

존 드 트레비사(John de Trevisa)

존 위클리프와 동시대의 사람으로서, 콘월주의 크로카돈 출신인 존 드 트레비사(John de Trevisa)가 있었다. 그는 독특한 사제로서, 버클리의 교구 사제였다. 그는 라틴어를 영어로 번역하는 몇 가지 큰 작업을 했는데, 그중 가장 주된 작업은 성경 전체를 번역한 것이었다. 그는 요한복음을 라틴어에서 영어로 번역한 베너러블 비드를 예로 들며 자기를 정당화했다.

그는 이 위대하고, 선하고, 위험한 작업을 그의 고귀하고도 강력한 후원자이자 보호자였던 토머스 드 버클리 경(Lord Thomas de Berkeley)으로부터 의뢰를 받아 수행했다. 버클리 경은 라틴어와 프랑스어로 된 요한계시록 전체를 가지고 있었는데, 프랑스어는 당시 영국 지식인층이 일반적으로 읽고 이해할 수 있는 언어였다. 그는 버클리에 있는 자신의 예배당 벽과 천장에 요한계시록을 기록했으며, 수백 년이 지난 후인 지금도 그것을 읽을 수 있다.

트레비사는 성경을 번역한 것으로 인해 당시 그의 박해자들을 매우 불쾌하게 만들었음에도 불구하고, 또 수도승들과 탁발 수사들의 적으로 간주되었음에도 불구하고, 카톨릭의 간섭을 받지 않고 살았다. 그는 자기 수명을 다 누리고, 1397년 90세가 조금 안 된 나이에 생을 마감했다(풀러, 〈영국의 교회사, Church History of Britain〉 1권, p.467). 그 외에는 그와 그의 번역에 대해서는 알려진 바가 거의 없으며, 그의 번역물이 위클리프의 번역물을 대체하여 이용되지도 않았다.

금속 활자로 인쇄된 첫 책은, 헤센에 있는 공작 영지인 마인츠에서 구텐베르크(Gutenberg)와 푸스트(Fust)에 의해 1450년에서 1455년 사이에 출간된, "라틴어 성경"이었다. 그 성경에 인쇄 날짜가 기록되어 있지 않아 정확한 연대는 알 수 없다. 이 라틴어 성경은 두 권으로 만들어졌고, 전체는 641장, 즉 1,282쪽의 2절판짜리 대형 책자였다. 첫 시도였음에도 불구하고, 매우 좋은 종이에 좋은 잉크를 사용하였으며, 매우 아름답게 인쇄되었다. 이 유명한 인쇄본은 현재 최소한 18세트가 존재하는 것으로 알려져 있다. 4세트는 양피지 책이고, 14세트는 종이 책이다(편집자 주: 저자가 이 책을 저술한 것이 1858년이었다는 사실을 기억하기 바란다.

여기 나온 내용은 당시에는 사실이었다). 25년 전에, 양피지 성경 한 세트가 504파운드에 팔렸고, 그 후에 종이 성경 한 세트가 190파운드에 팔렸다. 진정으로 공경할 만한 유물이다! 인쇄기가 가장 좋은 책에 그 경의를 표한 것이다. 가장 고귀한 영예가 그 유명한 기계에 부여되었으며, 가장 고귀한 목적에 사용된 것이다. [번역자 주: 구텐베르크가 금속 활자로 찍은 첫 출판물은 〈문법론〉으로 1450년의 일이었으며, '구텐베르크 성경'으로 불리는 이 라틴어 성경은 구텐베르크가 이동식 금속활자로 찍은 첫 출판물로서 1455년의 일이었다. 현재 양피지 인쇄본이 12세트, 종이 인쇄본이 36세트 남아 있다.]

윌리엄 틴데일(William Tyndale)

영어로 인쇄된 최초의 성경은 흔히 참회의 시편이라 불리는 일곱 편의 시편에 대한 주해였다. 이것은 1535년 헨리 8세에게 참수당한 로체스터의 주교 존 피셔가 쓴 것이다. 이 작은 책은 1505년에 출판되었다. 그러나 영국인들에게 자국어로 된 성경을 제공하기 위해 결정된 첫 번째 인쇄는 마태복음과 마가복음이다. 이 성경은 윌리엄 틴데일(William Tyndale)에 의해 번역되었고, 1524년에 함부르크에서 인쇄된 것이다. 틴데일이 번역한 신약성경 전체는 1525년에 인쇄되었는데, 일부는 쾰른에서, 일부는 보름스에서 인쇄되었다. 신약성경을 6판까지 출판한 후인 1530년에 틴데일은 창세기와 신명기를 출판했고, 그 다음 해인 1531년에는 모세오경을 출판했다. 1535년에는 틴데일이 어디를 가든 따라다녔던 마일스 커버데일(Miles Coverdale)의 후원하에 성경 전체가 인쇄되었다. 그러나 커버데일은 틴데일과 인척 관계가 있었던 사람은 아니었다. 커버데일에 관해서는 나중에 다시 언급할 것이다. 1537년 독일의 한 도시에서 2절판 성경이 인쇄되어 출판되었는데, 그 표제가 "성경. 이 책은 거룩한 책이며, 신약과 구약을 담고 있음. 토머스 매튜에 의해 진실되고 순수하게 영어로 번역됨. 1537."로 되어 있었다. 이 표제가 현재 우리가 널리 사용하고 있는 킹제임스성경을 포함하여 틴데일 이후로 출판된 모든 성경 번역본 표제의 기본이 되었다. 성경이 이렇게 폭넓게 사용되게 된 데에는 틴데일의 공로가 크다. 그는 그의 성경이 출판되기 약 1년 전에 화형을 당하여 순교했다. 말하자면 신약 전체와 구약에서 역대기하까지 전체 성경의 3분의 2는 틴데일의 작업이었다. 나머지 3분의 1은 구약의 나머지 부분인데, 이 부분은 틴데일의 친구이자 동역자였던 토머스 매튜(Thomas Matthew)에 의해 이루어진 것이다. 토머스 매튜는 "피의 메리" 통치 기간에 화형당한 유명한 순교자 존 로저스(John Rogers)이다. 그가 그의 불멸의 작품인 성경 번역본을 출간할 당시에는 매튜라는 이름을 사용했었다.

윌리엄 틴데일이 영어를 사용하는 성도들을 위해 이룩한 이 큰 사역은 결코 잊히지 않고 오랫동안 감사를 받을 만한 일이었다. 틴데일은 1484년경 노스니블리라는 마을에 있는 버클리가에서 태어났다. 그의 집안은 전통 있고, 존경 받는 집안이었다. 그의 조부는 틴데일 남작으로, 이름은 휴(Hugh)였다. 윌리엄 틴데일은 어린 나이 때부터 옥스퍼드 대학교에서 교육을 받았고, 모들린 대학에 있는 동안 당시의 학문들에 정통하게 되었으며, 그 후에는 신학을 개인적으로 교육받았다. 그는 1509년에 사제로 임명되어 프란체스코회 수사가 된다. 성경을 일반인들에게 공개하려는 그의 열정은 그의 대적들을 불쾌하게 만들었다. 폭스(Foxe)는 "틴데일은 적절한 때를 정해 옥스퍼드 대학교에서 케임브리지 대학교로 옮겼다. 케임브리지 대학교의 어떤 장소를 거주지로 정했던 것 같다."고 말했다. 그는 이 장소를 1519년에 떠나게 된다. 독일어로 성경을 번역한 위대한 번역자인 루터와는 별개로, 틴데일도 동일한 시기에 카톨릭의 부패와 억압에 저항하여 일어섰다. 카톨릭이 "지식의 열쇠"를 감춤으로써 모든 민족들의 정신을 억압하고 노예로 삼으려 하였기 때문이다.

틴데일은 케임브리지 대학교에서 고향으로 돌아와 근 2년간은 리틀소드베리에 있는 장원 영주의 저택에서 지내며 존 월시 경(Sir John Walsh)의 자녀를 위한 개인교사로 있었다. 안식일에는 근처의 교구 교회에서 설교했는데, 특히 브리스톨에 있는 세인트오스틴스 교회의 잔디밭에서 설교했다. 존 월시 경의 환대 속에 머무는 동안, 주교관을 쓴 수도원장들과 다른 성직자들이 주변에 가득했고, 자주 손님으로 와 있었으나, 틴데일은 날카롭게, 또 지속적으로 그들의 비열한 미신적 행위들에 대해 논쟁을 벌였다. 처음에는 존 월시 경과 그의 부인 앤(Anne)이 "수도원장들, 지구장들, 부주교들, 여러 종류의 다른 학자들, 많은 성직록을 받는 사람들"의 편이었으나, 틴데일이 그들을 위해 번역해 준 에라스무스의 "그리스도의 군사의 지침서"를 읽은 후에, 틴데일의 편이 되었다. 이로 인해 그 "학자적 주교주의자들"은 존 월시 경의 좋은 지지를 얻지 못했으며, 풀러(Fuller)

가 "틴데일의 말 속에 있는 시큼한 양념"이라 부른 신랄한 말들만 듣게 되었다. 폭풍우가 틴데일의 머리 위로 몰려오고 있었다. 술집에 있는 무식한 성직자들뿐만 아니라, 주교의 자문위원회 소속의 위엄 있는 성직자들도 틴데일을 이단자로 낙인찍었다. 1522년 그는 그 지역의 모든 사제들과 함께 주교의 종교법 고문관 앞에 소환되었다. 그들은 틴데일을 매우 거칠게 대했다. 틴데일 본인의 설명에 의하면, "내가 종교법 고문관 앞에 섰을 때, 그는 나를 심하게 위협했고, 매도했으며, 나를 개 꾸짖듯 꾸짖었다."고 했다.

이런 일이 있고 얼마 지나지 않아, 틴데일은 매우 학식이 높은 것으로 평판이 나 있는 한 성직자와 논쟁을 하게 되었다. 틴데일이 그가 틀렸음을 성경으로 입증하자, 분개한 그 카톨릭 성직자는 "우리에게는 하나님의 법보다는 교황의 법이 더 필요하오."라고 소리쳤다. 틴데일은 이 말에 더 이상 참지 못하고, "나는 교황과 그의 모든 법을 거부하오. 하나님께서 나의 생명을 몇 년만 더 주신다면, 심지어 쟁기질하는 소년이 당신보다 성경을 더 많이 알도록 만들겠소!"라고 대담하게 대응했다.

그것은 고귀한 발언이었으며, 그의 생명을 값으로 치르게 한 고귀한 희생이었다! 성경이 모든 영국 국민의 손에 주어지지 않는 한, 영국 민중을 로마카톨릭의 사제들로부터 구출해 낼 수 있는 것은 아무것도 없다는 사실을 틴데일은 명확하게 바라보고 있었던 것이다. 그는 말했다. "내가 신약성경을 번역하게 된 것은, 모국어로 번역된 성경이 그들의 눈앞에 있지 않는 한, 영국 국민들을 진리 안에 서게 하는 것이 불가능하다는 사실을 경험을 통해 이미 알고 있었기 때문이다."

틴데일은 존 월시 경과 같은 훌륭한 기사를 위험에 빠뜨리지 않기 위해, 그곳에 더 이상 머무르지 않고 런던으로 돌아왔다. 원숙한 헬라어 학자로 자신을 소개하는 소개장을 들고 당시에 런던의 주교였던 턴스털(Tunstall) 박사에게 갔다. 그는 나중에 틴데일의 신약성경을 많이 불태운 주교이다. 정중하고 품위 있는 주교 턴스털은 그와 친구가 되기를 거절했다. 그 고위 성직자의 집에서 신약성경을 번역하고자 했던 틴데일은 다른 피난처를 찾아야만 했다. 그는 거의 1년 동안 런던의 부유한 시민인 험프리 먼마우스(Humphrey Munmouth)의 집에 거주했다. 먼마우스는 나중에 주 행정장관, 기사, 주지사가 된다. 이 시기 동안에 틴데일은 런던 웨스트 지역의 세인트던스턴스 교회에서 설교했다. 이 시기에 이르러 틴데일은 소드베리에서 그가 결심한 것을 실행에 옮기도록 허용될 만한 곳이 영국에 없다는 결론을 내리게 된다.

1524년 1월, 고국에 대한 사랑과 연민을 가슴에 가득 안고, 틴데일은 함부르크로 떠난다. 먼마우스가 “바다 너머에서 도움을 주기로” 했으며, 함부르크에서의 15개월간의 체류 동안에 틴데일을 지원한다. 여기서 상황이 개선되어, 틴데일은 퀼른으로 옮겨가게 되고, 4절판 형태로 신약성경을 인쇄하기 시작한다. 열 장이 채 인쇄되기도 전에, 사전에 아무런 경고도 없이 공권력이 개입하여 그 작업을 금지시켰다. 틴데일과 그의 대필자 윌리엄 로이(William Roye)는 가까스로 그 종이들을 가지고 라인강을 따라 배를 타고 올라가 보름스에 도착하여, 그곳 보름스에서 비교적 안전하게 3,000권의 출판을 마치게 된다. 이 귀중한 성경은 현재 서론부터 마태복음 22장까지만 남아 있는데, 이것이 독일 고딕 활자로 인쇄된 이 기념비적인 인쇄본이 존재했음을 알려 주는 유일한 유물이다. 같은 해 같은 장소에서 작은 8절판 성경이 인쇄되었다. 그중 한 권이 브리스톨 박물관에 소장되어 있다. 이어지는 10년 동안 틴데일은 적으로부터 숨으면서 일해야 되는 순탄치 않은 삶을 살았는데, 스스로 개정하면서 20종류가 넘는 성경을 인쇄기를 통해서 출판했다.

신실한 상인들의 대리자나 다른 사람들을 통하여, 이 성경들은 비밀리에 영국으로 운반되었으며, 아주 은밀히 팔리고 유통되어 큰 위험이나 어려움을 일으키지 않고 사람들의 손에 전해졌다. 이렇게 전해진 성경들 중에서 많은 수가 적들의 손에 들어가 파괴되었으나, 더 많은 성경들이 성들과 집들에서 비밀리에 읽히고 연구되어 로마카톨릭의 멍에로부터 영국을 해방시킬 온전한 준비가 이루어지게 되었다. 이 신약성경은 56판 이상이 인쇄되었으며, 신구약 전체도 14판이 인쇄되었다.

틴데일이 이 위대한 사역을 통해서 우리에게 남겨 준 이 모든 인쇄본들 이외에도, 능력 있는 번역자들에 의한 다섯 번의 개정이 있었다. 이 능력 있는 번역자들의 목록에는 제임스왕이 임명한 인물들도 포함된다. 이렇게 여러 번의 개정을 거쳤음에도 불구하고, 틴데일의 번역본은 본질적으로는 공인 역본의 기본 틀을 제공한 성경이다. 틴데일의 번역본은 상당 부분이 공인 역본에도 그대로 보존되어, 철자의 변화를 제외하면 그가 우리에게 남겨 준 대로 읽히고 있다. 대법관 모어 경(Lord Chancellor More)에게 한 그의 대답에서, 그는 "나는 하나님께 주 예수 앞에 우리가 서게 될 날에 대하여 기록하게 해 달라고 요청했으며, 우리의 행위대로 심판해 달라고 요청했다. 그렇기 때문에 나는 나의 양심을 어겨 하나님의 말씀에서 한 구절이라도 바꾸는 일은 결코 하지 않았다. 또한 즐거움, 영예, 부와 같은 지상에 있는 모든 것이 나에게 주어진다 해도 나는 결코 하나님의 말씀을 바꾸지 않을 것이다."라고 말했다.

이 거룩한 인물은 그의 위대한 사역에 신실했을 뿐만 아니라, 그 학문적 소양에 있어서도 충분히 자격을 갖춘 사람이었다. 그의 학문적 견실성은 그의 번역을 읽음으로써 충분히 증명된다. 그러나 어떤 역사가는 헬라어에 대한 틴데일의 전문성은 인정하는 반면, 구약은 라틴어나 독일어에서 번역한 것으로 여기며, 히브리어에 대해서는 지식이 거의 또는 전혀 없었던 것처럼 표현하기도 한다. 독일어에 관해서는 마틴 루터의 천재성으로부터 그 "방식과 외형"을 가져왔다는 무례한 발언을 하기도 하지만, 틴데일이 독일어에 매우 정통했었다는 증거는 전혀 없다. 틴데일의 히브리어 지식은 의심할 바 없이 훌륭했다.

틴데일에게 반대한 토머스 모어 경에 대한 답변에서 그는 명백한 성경 본문이 없는 점에 대해, 또한 "헬라어, 라틴어, 특별히 반드시 알아야 할 히브리어, 성경 구절들에 대한 지식과, 설교의 올바른 방식, 히브리어 차용어 발음에 대한 지식"이 없는 점에 대해 고위 성직자를 비난했다. 이 말들 속에서 틴데일은 신약성경의 히브리어식 표현에 대한 고도의 친숙성을 명백히 보여 준다. 신약성경은 헬라어식 어법이 아닌 히브리어식 어법으로 구성된 표현들을 많이 담고 있다. 한때 틴데일의 대필자였다가 적으로 돌아선 조지 조이(George Joye)는 이 점에 대하여 우연한 증거를 남겼다. 그는 "히브리어, 헬라어, 라틴어 등등에 대한 틴데일 선생의 높은 실력에도 불구하고, 이 문제에 대하여 틴데일 선생에게 답변하는 것이 두

렵지 않다."고 말한 적이 있다. 조이가 언급한 "등등"에 해당하는 다른 언어들이 무엇이었는지는 학식 있는 교수였던 허먼 버셔스(Herman Buschius)를 통해서 알 수 있다. 그는 마르부르크와 보름스 양 지역에서 틴데일과 친분이 있었다. 루터의 친구였던 스팔란틴(Spalantin)은 일기에 다음과 같이 썼다. "버셔스 교수가 보름스에서 나에게 말한 바에 의하면, 신약성경 6,000권이 인쇄되었다고 한다. 그 신약성경은 두 명의 동료와 함께 보름스에 있는 한 영국인에 의해 번역되었다고 한다. 그는 히브리어, 헬라어, 라틴어, 이탈리아어, 에스파냐어, 영어, 프랑스어 이렇게 일곱 언어에 능통했으며, 어떤 언어로든 그가 말을 하면 원어민이 말하는 것처럼 유창했다고 한다." 우리는 틴데일에 대한 이 설명을 인용함으로써 번역자로서 틴데일의 역량에 관한 언급을 마치고자 한다.*

*(틴데일에 대해 더 많은 것을 알고자 하는 사람은 앤더슨의 〈영어 성경 연감, Annals of the English Bible〉 제1권을 참조하라. '틴데일과 그의 시대'라고 부제를 붙이면 좋을 책이다).

1529년에는 흥미로운 사건이 하나 있었다. 부유한 주교관구인 더햄의 주교였던 턴스털은 앤트워프에서 틴데일이 보유하고 있었던 신약성경 한 인쇄본의 남은 분량을 모두 다 사 들여서 태워 버렸다. 구입은 틴데일을 은밀히 좋아하던 패킹턴의 한 상인을 통해서였다. 새로 교정된 판을 찍고 싶어 하던 틴데일은 재고를 팔아서 매우 기뻐했다. 틴데일은 당시 너무나 가난해서 출판을 할 수 없었는데, 턴스털의 단순함을 이용하여 자금을 공급받게 된 것이다. 한두 해 후에 틴데일의 보좌관 중의 하나인 조지 콘스탄틴(George Constantine)이 토머스 모어 경(Sir Thomas More)의 손에 잡히게 되었다. 이 악한 박해자는 성경 인쇄 사업에 비용을 댄 사람의 이름을 넘겨주면 그를 용서해 주겠다고 약속했다. 콘스탄틴은 재담(才談)을 좋아하는 사람이었는데, 모어 경이 재담을 좋아하는 사람인 줄도 알고 있었다. 그는 이 제안을 받아들이고, 더햄의 주교가 가장 큰 지원자였다는 사실을 알려 주어 대법원장인 모어 경을 즐겁게 해 주었다. 좋은 가격에 재고품을 구입함으로써, 그가 다른 개선된 번역판을 생산할 수 있게 해 주었기 때문이다. 모어 경은 그의 재담을 듣고서 매우 즐거워했으며, 자기가 그 당시에 턴스털에게 좋은 발상을 내놓았다고 칭찬했었다고 시인했다. 디즈레일리(D'Israeli)는 "이것이 박해자들에게 '책보다는 저자를 불태우는 것이 더 쉽다'는 교훈을 가르쳐 준 첫 번째 사건이었다."고 언급했다.

1535년 초 영국의 박해자들이 보낸 비밀 요원들에게 계속해서 추적을 당하던 틴데일은 윈체스터의 잔인하고 교활한 주교 스티븐 가디너(Stephen Gardiner)의 앞잡이였던 필립스(Phillips)라는 자에게 밀고를 당한다. 틴데일은 빌보드 성에 18개월이 넘는 기간 동안 투옥당하는데, 거기서 간수와 간수의 딸, 그 외의 다른 가족을 회심시킨다. 그 성에서 틴데일과 대화한 모든 사람들은 그의 성품의 순수성에 대한 확실한 증인들이다. 황제 찰스 5세의 최고 행정 장관, 즉 총리도 그곳에서 그를 본 후 그가 "homo doctus, pius, et bonus," 즉 "학식 있고, 경건하고, 선한 사람"이라고 말했다 한다. "세상이 감당할 수 없는 사람"이었고, 영어를 사용하는 모든 사람들의 가장 고귀하고 가장 위대한 후원자였던 틴데일이 죽음에 처해진 날은 1536년 10월 6일 금요일이었다. 기둥에 묶여졌을 때, 그는 불타는 열정과 큰 목소리로 다음과 같이 소리쳤다. "주여, 영국 왕의 눈을 열어 주소서!" 틴데일은 목이 졸려 죽은 후에 불에 태워져 재가 되었다. 하늘이 예비해 주셨던 인물은 떠나갔으나, 오늘날까지 그를 위해 땅에 세워진 기념물은 존재하지 않으며, 그가 수많은 사람들에게 주고 간 성경만이 우리 손에 남아 있다.

"이름 없이 살고자 했으나
박해가 그에게 명예를 주고, 하늘로 추방했네.
그의 재가 흘러갔으나, 간 곳을 아무도 모르네.
시인도 그의 이름을 기리지 않고,
그를 위한 노래도 불리지 않네.
역사는 더 비열한 이야기에는 관대하나
오히려 그에게는 냉담하네."

그러나 지금은 더 나은 세상이 되었고, 그의 이름은 잊혀지지 않았다. "그러나 이제 보라, 그의 증인이 하늘에 계시며 그의 기록이 높은 곳에 있도다."

순교사가인 존 폭스(John Foxe)가 틴데일을 "영국의 사도"라고 칭한 것은 당연한 일이다. 폭스는 틴데일에 대하여 다음과 같이 묘사했다. "첫째, 그는 매우 검소하고, 풍채가 좋았으며, 성경을 출판한 위대한 연구자이자 근면한 일꾼이었다. 그는 일주일에 이틀을 정하여 성별했다. 그는 이 이틀을 자신의 여가활동이라고 이름 붙였는데, 월요일과 토요일이었다. 월요일에는 박해 때문에 영국으로부터 도망 와서 벨기에의 앤트워프에 정착한 모든 가난한 사람들을 방문했다. 일단 그의 선한 실행과 좋은 품성이 알려지자, 틴데일은 이들을 자유롭게 위로하고 안심시킬 수 있게 되었다. 그는 아픈 사람들이나 병든 사람들에게도 방문하여 이 일을 실행했다.

토요일에는 가난한 사람들이 살고 있을 법한 곳을 찾아보거나, 안정된 거주는 하고 있으나 아이들이나 노약자로 인해 과도한 부담을 안고 있는 사람들을 찾기 위해 도시의 구석구석을 뒤지며 돌아다녔다. 틴데일은 이런 사람들도 많이 구제했다. 그는 자기가 여가 활동이라고 말한 이틀간의 시간을 매주 이런 식으로 사용했다. 실제로 그의 구제 금액은 매우 큰 액수였기 때문에 도움을 받은 사람들은 잘 지낼 수 있었다. 그가 앤트워프에 사는 동안에 앤트워프의 상인들이 매년 그에게 지급한 생활보조금은 상당한 금액이었는데, 그는 거의 대부분을 가난한 사람들에게 주었던 것이다. 그 주의 나머지 날들은 성경을 위해 전적으로 할애되었다. 그는 성경에 가장 성실한 노력을 기울였다. 주일에는 한 상인의 회의실에 가면 다른 상인들이 모였고, 그러면 그들에게 성경의 일부분을 읽어 주었다. 이것은 매우 풍성하고, 달콤하고, 부드럽게 진행되었는데, 사도 요한의 글들에서는 더욱 그러하여, 틴데일이 성경을 읽는 것을 듣고 있는 청중들에게는 하늘의 평안과 기쁨을 누리게 해 주었다. 저녁 식사 후에도 같은 방식으로 한 시간을 사용하였다. 그는 증오나 악의가 전혀 없는 사람이었고, 자비와 동정으로 가득 찬 사람이었다. 살아 있는 어떤 사람도 죄나 범죄로 그를 비난할 수는 없었다. 그러나 틴데일의 의와 정의는 하나님 앞에서 그의 성품에 의존한 것이 아니라, 오직 예수 그리스도의 보혈에 의존한 것이었고, 그의 믿음도 그러했다. 그는 빌보드에서도 이렇게 불변하는 믿음 속에 있다가 죽음을 맞이했다. 그리고 지금은 그리스도의 순교자들의 영광스러운 무리와 함께 주님 안에서 복된 휴식을 누리고 있다."

이 선한 사람의 업적은 그의 죽음과 함께 사라지지 않았다. 그의 일생의 마지막 해에는 아홉 판 이상의 "굵은 활자에 3배 두께인" 신약성경이 출판되었으며, 이 판들은 모두 영국으로 들어왔다. 그러나 무엇보다도 이상하고 현재까지도 설명되지 않는 일이 있는데, 틴데일이 영국 왕의 묵인하에 영국의 성직자들에 의해 잡혀 빌보드에서 화형당하는 바로 그 시간에, 런던에서는 제목 페이지에 틴데일의 이름이 찍힌 그의 번역판이 4절판 크기로 인쇄되고 있었다는 것이다. 그것도 왕의 전속 출판업자인 토머스 버틀렛(Thomas Berthelet)에 의해서였다. 이것이 바로 영국 영토 안에서 인쇄된 틴데일 성경의 첫 번째 인쇄본이었다.

존 로저스(John Rogers)

다음 해인 1537년 성경 전체에 대한 두 종류의 번역판이 2절판으로 유럽에서 인쇄되어 영국으로 들어왔다. 하나는 틴데일의 번역판으로 그의 헌신된 친구이자 동역자이며, 나중에 토머스 매튜로 알려지게 되는 존 로저스(John Rogers)가 완성하고 편집한 것이고, 다른 하나는 나중에 엑서터의 주교가 되는 마일스 커버데일(Miles Coverdale)의 번역판이다.

로저스는 1500년경에 워릭셔의 데리텐드에서 태어났다. 케임브리지 대학교에서 교육받았으며, 수년간 벨기에 앤트워프의 영국 재외 상관에서 사제로 있었다. 그는 또한 12년간 독일에서 사역했다. 그는 에드워드 4세

통치 기간인 1550년에 영국에 돌아왔다. 세인트마거릿모이지스 교회의 교구 사제가 되었고, 그 후에 세인트세펄커스 교회의 교구 사제가 되었다. 둘 다 런던에 있는 교회이다. 다음 해에 세인트폴스 대성당의 명예 참사 회원에 임명되어 교구 사제직을 사임했다.

"피의 여왕 메리"가 왕위에 오르자, 그는 곧바로 어려움을 겪게 되었는데, 대륙으로 피신할 수 있었음에도 불구하고 영국에 남았다. 반년 동안 자택 구금되었고, 1554년에는 도둑과 살인자들과 함께 뉴게이트에 감금되었다. 그는 그들 중의 몇몇을 선으로 인도하는 도구로 쓰임받았다. 그는 거기서 매우 거칠고 잔인하게 학대를 받았고, 메리 여왕의 첫 희생자들 중의 하나가 되어, 그 불타는 박해의 첫 순교자로 영광스럽게 알려지게 되었다. 그는 1555년 1월 4일 스미스필드에서 산 채로 화형당했다. 그는 그의 위대한 절개와 경건함으로 인해 고난을 겪은 것이다. 18년 전에 결혼한 그의 아내 어드리언스 드 바이덴(Adriance de Weyden)은 독일인이었는데, 같은 뜻의 영어 단어인 프랫(Prat)이라고 불리기도 했다. 둘 다 목초지라는 뜻이다. 로저스는 아내를 만나고자 했으나 허용되지 않았다. 그의 아내는 그가 사형 집행 장소로 가는 도중에 자녀들을 모두 데리고 나와 그를 만났다. 그들의 자녀가 몇 명이었는지는 분명치 않다. 아홉, 열, 또는 열한 명이었던 것 같다. 로저스가 뉴게이트에 감금되어 있을 때는 아홉이었는데, 이후에 태어난 아이가 있는 것 같다. 감금 생활 동안 쓴 그의 문서들에는 반복적으로 열 자녀로 언급되고 있다. 그의 미망인은 아버지 없는 그녀의 자녀들을 데리고 독일로 돌아갔다. 그의 아들 대니얼 로저스(Daniel Rogers)는 엘리자베스 여왕의 대사로 임명되어 벨기에,

독일, 덴마크에서 일했는데, 아마도 존 로저스의 맏아들이었던 것 같다.

웨더스필드의 유명한 청교도 목사 리처드 로저스(Richard Rogers)도 존 로저스의 아들임이 거의 확실하다. 만약 이것이 사실이라면, 리처드 로저스의 혈통으로 알려진 뉴잉글랜드의 많은 가족들이 저명한 성경 번역자이자 순교자인 존 로저스의 후손인 것이다.

마일스 커버데일(Miles Coverdale)

마일스 커버데일의 출생은 불분명하며, 커버데일이라는 성을 가진 다른 사람을 찾을 수도 없다. 그는 1488년 요크셔에서 태어났다. 그는 1531년 케임브리지 대학교에서 교회법을 전공한 학사로 졸업했다고 한다. 그는 후에 튀빙겐 대학교와 케임브리지 대학교에서 박사 학위를 받았다. 그는 오거스틴 수사였는데, 당시 영국의 수상으로 있었던 크럼웰 경(the lord Crumwell)의 강력한 보호를 누렸다. 그는 뛰어난 학자였으며, 모든 출판 비용을 지원한 영향력 있는 후원자들에 의해 성경 번역 작업을 하게 되었다. 첫 번역판은 독일어와 라틴어에서 충실하게 번역되었다고 주장되고 있으며, 헨리 8세와 그의 왕비 앤 불린(Anne Boleyn)에게 헌정되었다. 1535년의 일이었으며, 인쇄된 장소는 분명치 않다. 많은 사람이 커버데일도 틴데일이나 로저스와 같은 의도로 성경을 번역했다고 생각해 왔지만 이것은 잘못된 생각이다. 그가 독일어와 라틴어에서 번역했다고 말하기는 했지만, 그는 히브리어와 헬라어에 능통했었고, 그의 번역본보다 이전에 나온 독일어와 라틴어 인쇄본을 다섯 종류나 가지고 있었다. 그의 작품은 "왕의 가장 은혜로운 허가에 의해 수행된 것"이었고, 막강한 권력자인 크럼웰과 캔터베리의 대주교인 크랜머(Cranmer)의 따뜻한 찬사를 받았다.

이러한 모든 찬사에도 불구하고, 커버데일의 책은 순교한 틴데일의 결실들을 대체하지 못했다. 틴데일의 성경이 사람들에게 받아들여지고 극단적인 선호가 계속 유지되자, 커버데일은 자신의 번역본을 반복적으로 편집하여 인쇄했다. 결국 크랜머는 로저스와 틴데일의 번역판에 결정적인 선호를 가지게 되었다. 그는 대주교 대리 법무관인 크럼웰에게, 틴데일과 로저스의 번역판이 "최후의 심판일 다음 날이 될 때까지는 그런 일이 없겠으나, 우리 주교들이 새로운 번역본을 낼 때까지, 지금까지 틴데일의 번역본에 반대하여 정해졌던 법률, 선언, 법령을 모두 무효화하고, 틴데일의 번역본이 모든 사람에게 읽혀지도록" 허용하는 "왕의 동의"를 받게 해 달라고 간청한다.

자유가 완전히 허용된 것이다. 화형당한 틴데일의 재가 채 식기도 전에, 그의 노력은 그에 대한 모든 지지와 지원을 거절했던 권위자들의 따뜻한 승인과 허가를 받게 되었다. 10년 전까지만 해도, 그들은 그의 모든 노력에 매우 분개했던 사람들이었다. 그의 번역본은 앞으로 다시는 억압받지 않을 것이다. 그의 번역본은 수정되고 개선될 것이고, 가끔은 비난받고 불태워지기도 할 것이다. 그리고 70년 후에 제임스왕이 선발한 우수한 학자들에 의해 3,4년에 걸쳐 "더 매끄럽고, 쉽고, 원문에 충실하게" 만들어지겠지만, 틴데일의 성경은 대체로 오늘날까지 이어져 내려온 영어 성경 번역본들의 기초가 되어 왔다.

방금 언급된 로저스의 성경을 인쇄한 크래프턴(Crafton)은 1538년 파리에서 그 다음 인쇄본인 2절판 성경 2,500권을 만들기 시작한다. 파리에서 이 작업을 하게 된 이유는 파리의 인쇄 기술이 더 높은 수준이었기 때문이다. 그러나 그 판이 거의 완성되었을 즈음에 종교 재판이 일어나 거의 파손될 상황에 이른다. 다행히 인쇄된 종이들은 보존되어 런던으로 옮겨졌다. 인쇄기와 활자들이 새로 구입되고, 일꾼들도 함께 런던으로 데려왔다. 2개월이 조금 넘는 기간 동안에 전체 성경이 런던에서 완성되었다. 이 인쇄본의 끝부분에는 "전체 성경 중에서 신약성경의 끝. 1539년 4월에 마침. 이는 주께서 하신 일."이라고 기록되어 있다. 이 작업은 상서원장 크럼웰의 물품 조달과 비용으로 완성된다. 틴데일이 영국을 떠난 이래 15년간 이어진 투쟁의 결과로, 틴데일의 성경이 그의 고국 땅에 발판을 확보하게 된 것이다.

"고귀하신 국왕의 대리자"로서 크럼웰은 왕의 명령문을 발표한다. 그 내용은 틴데일의 성경이 모든 교구의 교회에서 보기 쉬운 장소에 놓여야 하며, 그 비용은 교구 주임 사제와 교구 주민이 함께 지불해야 한다는 것과, 어떤 방식으로든지 성경을 읽거나 듣는 것을 방해할 수 없으며, 오히려 모든 사람은 하나님의 말씀을 열심히 공부하도록 권장되고 권고되어야 한다는 것이다. 국왕의 다른 명령문에서는, 모든 교회의 성직자는 매년 3개월마다 최소한 하나의 설교문을 작성해야 하며, 그 설교문에는 "그리스도의 복음이 순수하고 신실하게 선포되어야" 한다는 내용이 들어 있다. 이러한 명령문의 발표는 당시의 종교적인 가르침에 있어서, 성직자들의 부실한 성경 지식과 백성들의 비참한 영적 상황에 대한 개탄스러워하는 마음이 반영되었다고 할 수 있다.

원로 역사가인 스트라이프(Strype)는 주로 교회의 기둥에 딸려 있었던 독서용 책상에 사슬로 연결되어 있던 그 오래된 2절판 성경으로 야기된 흥미로운 일에 대해 얘기한다. "더 학식이 있는 사람들 사이에서뿐만 아니라 영국 전체에 걸쳐 평범하고 일반적인 백성들 사이에서 얼마나 기쁜 마음으로 이 하나님의 책이 받아들여지고 있는지, 얼마나 큰 열망을 가지고 이 하나님의 책이 읽혀지고 있는지, 또 어떤 장소에서 이 하나님의 책이 읽혀지고 있는지를 보는 것은 경이로운 일이다! 성경을 살 능력이 있는 사람들은 모두 성경을 샀고, 읽는 것이 가능한 모든 사람들이 성경을 열심히 읽고 있으며, 스스로 읽는 것이 어려운 사람들조차도 다른 사람들에게 성경을 읽어 달라고 부탁하고 있다. 많은 노인들이 성경을 읽을 목적으로 글을 배우고 있으며, 심지어 어린이들조차도 성경이 읽히는 것을 듣기 위해 모여든다."

여기서 우리는 주교관을 수여받은 윈치컴과 튜크스베리의 수도원장에게 했던 틴데일의 기념비적인 말이 떠오르지 않을 수 없다. "하나님께서 나의 생명을 몇 년만 더 주신다면, 쟁기질하는 소년도 당신보다는 성경에 대해 더 많은 것을 알게 만들겠소!" 이 모든 것이 폭스가 표현했던 바와 같이 "이 성경이 인쇄되는 것을 매우 불쾌히 여기고 비방했던" 스티븐 가디너(Stephen Gardiner)와 다른 성직자들에게는 울분과 고뇌였다.

다음 해인 1539년 한 해 동안, 성경의 인쇄와 보급은 거대한 파도처럼 영국 전체로 퍼져 나갔다. 국왕 자신도 공식 석상에서 하나님과 인간에 대한 의무를 배울 수 있는 유일한 수단으로서 "모국어인 영어로 번역된 성경의 자유로운 사용"을 영국 국민들에게 강력히 권고하였다.

크랜머 성경(Cranmer's Bible) / 그레이트 성경(Great Bible)

1539년 오늘날 "크랜머 성경"이라 불리는 그레이트 성경이 처음 모습을 나타냈다. 이 성경은 대주교의 지시에 따라 출판되었다. 서문에서 영국에서 사용되기 위해 번역된 하나님의 말씀임을 부드럽게 강조하면서, 실제로 사용해 줄 것을 당부하기 위해, 크리소스톰(Chrysostom)과 나치안츠의 그레고리우스(Gregorius the Nazienzene)의 유창한 글들을 인용한다. 크리소스톰의 글에서 인용된 내용은 다음과 같다. "모든 사람은 설교와 설교 사이에, 즉 평소에 집에서 스스로 성경을 읽어야 한다. 그리고 집에 평안히 있을 때, 가끔은 성경에서 읽은 말씀을 자기 자신에게 적용해야 한다. 성령께서 그렇게 명령하셨고, 성경을 읽는 각 사람에게 그 말씀을 알맞게 조절해 주시기 때문에, 그 안에서 위대한 학자들이 심오한 학식을 발견하는 것처럼 세리들, 어부들, 목자들도 자신을 함양시킬 내용을 발견할 수 있다. 여러분 중에는 예배 때의 설교 말씀이 잘 이해되지 않는 사람이 있을 것이다. 평소에 성경을 읽지 않는데 그것이 이상한 일이겠는가? 만약 여러분이 성경을 읽지 않는다면, 어떻게 이해할 수 있겠는가? 여러분 손으로 직접 성경을 들고, 그 전체 이야기를 읽으라. 그리고 이해한 것을 마음속에 잘 새기라. 이해가 되지 않는 것은 반복해서 읽고 또 읽으라. 여기에서 모든 종류의 사람들, 즉 남자들, 여자들, 젊은이들, 노인들, 학식 있는 자들, 무식한 자들, 부자들, 가난한 사람들, 사제들, 평신도들, 주인들, 부인들, 관원들, 소작인들, 비열한 사람들, 처녀들, 아내들, 과부들, 법관들, 상인들, 기능공들, 농부들 등 모든 종류의 사람들이, 그들이 어떤 상태와 환경에 있든, 이 책 안에서 모든 것, 즉 전능하신 하나님에 관해서뿐만 아니라 자기 자신과 다른 모든 사람들에 관해서, 그들이 무엇을 믿어야 하는지와 그들이 무엇을 해야 하는지, 또 그들이 무엇을 해서는 안 되는지를 배울 수 있다."

그 해에 틴데일과 로저스의 성경과 약간만 다른 "크랜머 성경"의 새로운 개정본이 국왕 헨리 8세의 명령하에 출판된다. 표제와 서문에는 카톨릭의 두 고위 성직자인 더햄의 주교 커스버트 턴스털(Cuthbert Tunstal)과 로체스터의 주교 니컬러스 히스(Nicholas Heath)에 의해 승인되었다는 내용이 들어 있다. 이 "크랜머 성경"이 출판된 시기와 거의 동시에, 카톨릭으로 알려져 있었던 "옛 가르침"의 옹호자 세 명과 프로테스탄트로 알려져 있었던 "새 가르침"의 옹호자 세 명을 같은 날, 같은 장소에서 처형하고자 하는 독재자의 의지는 너무나 강했다. 그 탐욕과 독재의 혐오스러운 괴물은 잔인함과 박해에 있어서 너무나 공정했다. 독재자의 눈으로 볼 때는, 성경을 읽는 것에 대해서나 성경을 읽지 않는 것에 대해서나 사람들이 똑같이 고통을 겪어야 하는 시대였던 것이다. 그러나 하나님의 섭리가 이루어지는 방식은 얼마나 놀라운가! 불과 10년 전까지만 해도 앤트워프에서 인쇄된 틴데일의 성경을 모두 구입해서 불태우는 데 그토록 열심이었던 턴스털이 이제는 틴데일의 성경을 런던에서 편집하고 출판하도록 하나님께서 역사하신 것이다.

이 고귀하고 훌륭하게 인쇄된 2절판 성경은 런던의 한 상인인 앤서니 말러(Anthony Marler)가 그 비용을 지불함으로써 출판되었으며, 1년 조금 넘는 기간 동안에 4,5쇄까지 인쇄되었다. 메리 여왕의 연속되는 "화형의 시대"에 프로테스탄트 순교자들의 최고 도살자였던 런던의 주교 "피의 보너"(Bonner)조차도 영어 성경의 보급과 읽기를 적극적으로 권장했다. 왕족에게 아첨하는 자였던 이 비열한 위선자는 자신이 맡고 있던 세인트 폴스 대성당 안에 회중 낭독용으로 대형 성경 여섯 권을 비치했다. 거기서 성경을 듣고자 하는 젊은이들이나 노인들에게 성경을 큰 소리로 읽어 주었다. 약삭빠른 윈체스터의 주교 스티븐 가디너와 다른 교활하고 악의에 찬 반대자들은 하나님의 말씀의 자유로운 전파를 방해하기 위해 부정직한 정책을 많이 시도했다. 그러나 그들의 교활한 계책들은 모두 무위로 돌아갔다. 나중에 그리스도의 신실한 순교자가 된 토머스 베컨(Thomas Becon)은 다음과 같이 간증했다. "가장 신성한 책인 성경이 영어를 사용하는 모든 사람들에게 읽히도록 매우 자유롭게 허용되었다. 많은 사람들이 그리스도를 올바르게 음미했으며, 매일 그러한 사람들의 수가 증가했다. 하나님께 감사가 있을지어다!"

틴데일의 성경은 매튜(Matthew), 태버너(Taverner), 크랜머(Cranmer), 턴스털(Tunstal), 히스(Heath)의 이름으로 여러 번 출판되었으며, 이들 모두의 이름으로 국왕의 승인을 받았고, "교회에서 읽히도록 지정"되었다. 그러나 여전히 틴데일의 이름은 냉혹한 헨리와 그의 노예인 의회에게 불쾌감을 주었다. 틴데일의 번역이 당시에도 통용되고 거의 독점적으로 사용되고 있음에도 불구하고, 1543년에는 의회의 법에 의해 "교활하고, 잘못되고, 진실이 아닌" 성경으로 낙인 찍혔으며, "이 왕국과 국왕의 통치를 받는 모든 장소에서 소지와 사용이 금지"되었다. 의회의 법은 "남자를 여자로 바꾸는 것 외에는 모든 것을 할 수 있다."고 말해질 정도로 거의 전능했다. 그러나 의회의 법이 하늘의 바람들과 빛을 바꿀 수 없는 것처럼, 하나님의 말씀을 묶어 놓을 수도 없었다. 동일한 법의 한 조항에서는 이 성경을 금지했으면서, 무지하게도 다른 조항들에서는 이 성경의 사용을 권장했다. 또한 국민들에게 "법보다 영향력이 약한 금지령들"을 내려, 이 성경의 사용을 제한해 보려고 헛된 시도를 하기도 했다.

아비한 헨리 8세는 1546년에 죽었다. 왕위는 헨리 8세의 유일한 살아 있는 아들인 에드워드 6세가 계승했다. 에드워드 6세는 6년 5개월 동안 왕위에 있었는데, 16세의 나이로 생을 마감했다. 이 지성 있고 경건한 소년은 "하나님의 말씀 앞에서 두려워 떠는" 사람들 중의 하나였다. 그는 하나님의 말씀을 사랑하고 경외하였다. 에드워드 6세의 짧은 통치 기간 동안, 하나님의 말씀은 "자유롭게 전파되었으며, 영광스럽게 존중받았다." 그의 대관식에서 세 개의 칼이 그 앞에 놓였다. 이것은 세 개의 왕국이 그의 영향하에 놓이게 된다는 상징이었다. 이 조숙한 통치자는 또 다른 칼 하나가 놓여야 한다고 말했다. 참석한 귀족들이 그게 무슨 칼이냐고 묻자, "그 칼은 성경이오."라고 대답했다. 그는 다음과 같이 말했다. "성경은 성령의 칼이며, 이 칼들보다 우선하는 것이오. 성경은 모든 권한을 가지고 우리를 통치하여야 하며, 우리는 하나님의 임명하심에 따라 국민의 안전을 위하여 다른 사람들을 기용하는 것이오." 몇 가지 비슷한 이야기들을 추가하자면, 에드워드 6세는 성경을 가져오게 하여, 대관식 행렬 동안 자기 앞에서 경건하게 들고 가도록 명령했다. 그의 통치 기간 동안 성경은 크게 번성했다. 신약성경은 최소한 35개의 인쇄본이 출판되었으며, 영어 신구약 합본도 14개의 인쇄본이 출판되었다.

에드워드 6세의 첫 의회는 틴데일의 성경을 금지하는 법을 폐지했다. 틴데일의 성경을 금지하는 법은 아버지인 헨리 8세의 마지막 의회에 의해 결의되었던 것이다. 크랜머는 섭정의 수장이었지만, 틴데일의 번역본으로부터 만든 자신의 수정판이나 개정판을 사용하도록 강조하는 어떤 시도도 하지 못했다. 출판된 대부분의 인쇄본은 구 인쇄본을 따랐는데, 구 인쇄본이 더 널리 사용되었기 때문이다. 헨리 8세가 죽었을 때에는 영국에 14개의 인쇄소가 있었는데, 에드워드 6세 시기에는 57개로 늘었다. 그중에서 31개 이상의 인쇄소가 성경을 인쇄하거나 출판하는 데 종사했다. 성경을 인쇄하고 출판하는 일이야말로 가장 존중받을 만한 일이다. 이 짧은 통치 기간은 성경 출판에 있어서 어떤 검열도 받지 않고 활동할 수 있는 시기였다. 그러나 이러한 상황은 1553년 에드워드 6세의 애도할 만한 죽음으로 인해 슬프게도 막을 내리게 된다.

에드워드 6세의 통치는 그의 편협하고 우울한 여동생 메리에게로 이어진다. 메리는 5년여의 통치 기간 동안 그녀의 왕국에서 하나님의 말씀을 극단적으로 억압했고, 가식적 전통을 유지해 온 부패한 카톨릭의 권위를 회복시켰다. 그녀는 왕위에 앉고 1년 반이 채 되지 않아서, 자신의 손을 프로테스탄트 국민들의 피로 적시기에 충분히 견고하게 왕권이 자리 잡았다고 생각한다. 이 기간 동안에 박해의 폭풍이 점점 다가오고 있음을 본 수많은 사람들이 유럽 대륙으로 피난처를 찾아 피신했다. 이 망명자들 중에서 거의 천 명이 학식 있는 잉글랜드인들로서 해외의 여러 도시로 흩어져 갔다. 그동안에 영국에서는 288명의 순교자가 하나님의 말씀을 사랑한다는 이유로, 성경의 가르침을 고수했다는 이유로 불꽃 속에서 처형당했다. 이들 중에는 대주교 한 명, 주교 네 명, 많은 성직자들과 신학을 전공한 학자들, 모든 연령층의 남자, 여자, 아이들이 포함되어 있었다. 그러한 고통을 겪은 첫 번째 사람이 영어로 성경을 번역하고 인쇄하고 보급하는 데 그토록 많은 일을 행했던 존 로저스였다. 현재 이 영국에는 이 거룩한 순교자가 사용했던 성경 한 권이 그의 후손들 중 한 사람의 손에 남아 있다. 그의 초상화가 저 유명한 초등 읽기용 교재인 뉴잉글랜드 글자 교본(New England Primer)에 멋지게 그려져 있다. 많은 사람들이 굶어죽거나 야위었으며, 지하 감옥의 열악한 환경으로 사망했다. 성경을 번역하고 출판하는 일에 매우 활동적이었던 마일스 커버데일은 에드워드 6세 때에는 엑서터의 주교로 임명되었으나, 2년 후 메리가 즉위한 후에는 그 직위를 잃고 2년 반 동안 감금된다. 그는 여러 번 종교재판관 앞에서 심문을 받았고, 극단적인 생명의 위협 속에 있었다. 그러나 1555년 1월 덴마크 왕 크리스찬 2세의 중개로 영국에서 떠나도록 허락받는다(메리가 비참하게 죽은 후인 1559년에 커버데일은 영국으로 돌아온다. 그는 열성적인 비국교도가 되어 귀국했기 때문에, 여러 차례에 걸쳐 주교직에 복직하기를 거절했다. 그는 살아 있는 동안, 계속해서 설교했는데, 다소 개인적인 방식이었다. 1569년 그는 매우 행복한 상태로 죽음을 맞이했다. 당시 나이는 81세였다.

그의 선행과 노고와 고난으로 매우 존경받았으며, “불길 속에서 나온 횃불”로 일컬어졌다).

험악한 구레나룻의 경비병들이 성경을 찾으나 허사일 뿐.
사람들은 몰래 읽고 걱정하며 숨겼네.
세상은 온통 고통과 우울뿐.
성경은 무덤 저편의 무한한 축복을 보여 줬고,
부패한 사제, 봉건주의의 핍박으로부터 자유를 보여 줬네.
성경은 고난받는 자의 지친 걸음을 하나님께로 이끌었네.
지상에서 그의 고난이 끝나니
하나님의 부요함이 그분의 아들에게 부어졌네.

메리의 박해 기간 동안, 성경 읽는 것을 분명히 금지하거나 성경을 회수해 불태우라고 지시하는 명령은 없었다. 그러나 몇 가지 경우가 기록에 남아 있고, 그때마다 성경이 불꽃 속에 놓여졌다. 매우 많은 성경들이 망명자들에 의해 해외로 옮겨졌다. 그리고 국내에 남은 많은 성경들은 비밀스런 장소에 숨겨졌다. 일부는 벽돌로 문이 가려진 벽 속 벽장 안에 숨겨지기도 했다. 한 가지 놀랄 만한 사실은, 1558년까지 영국에서 그토록 많은 책들이 인쇄되었음에도 오늘날 그 흔적을 발견하기가 힘든 반면, 그 많은 신약성경과 신구약 합본의 인쇄본들 중에서는 각기 한 권 이상 보존되어 있지 않은 인쇄본이 거의 없다는 것이다. 하나님의 복된 책을 보존하시는 데 있어서, 하나님께서는 그토록 세심한 주의를 기울이

셨던 것이다.

영국에서 성경 출판에 있어 공개적인 작업이 중단된 것은 한 가지 중대한 이익을 낳았다. 그 일이 틴데일의 번역본에 대한 새롭고 매우 중요한 개정 작업을 진행할 수 있는 기회를 제공했던 것이다.

제네바 성경(Geneva Bible)

25년 전 유럽에서 망명 생활을 했던 틴데일에 의해 처음으로 나왔던 위대한 번역본이 영국에서 유럽으로 망명한 한 학자에 의해 탁월하게 개정되어 출판되었으며, 영국의 모든 항구가 성경을 거절할 것 같았던 바로 그 시기에 영국에 상륙하여 들어오게 되었다. 이것이 바로 그 기념비적인 "제네바 신약성경"이다. 제네바 신약성경은 그 개정자가 틴데일의 신약성경을 헬라어 원문과 한 번 이상 세심하게 대조하고, 다른 언어의 번역본과도 비교하여, 많은 결정적인 부분들을 개선한 후에, 그때까지 나온 영어 성경 인쇄본들 중에서 가장 좋은 형태로 출판한 신약성경이다. 이 신약성경의 첫판은 현재 매우 드문데, 그 활자와 종이의 아름다움에 특히 주목할 만하다. 이 첫판은 1557년 6월에 출판되었다. 제네바 신약성경은 절과 절을 나눈 첫 번째 영어 성경이며, 신구약 합본에서도 이 방식을 따랐다. 이 좋은 성경이 누구에 의해서 나오게 되었는지 분명하게 알려지지는 않았으나, 그가 윌리엄 휘팅엄(William Whittingham)이라는 사실에는 의심의 여지가 없다.

윌리엄 휘팅엄(William Whittingham)

윌리엄 휘팅엄은 더햄 근처의 윈체스터 출신이며, 1524년에 태어났다. 그는 명문가 출신으로, 옥스퍼드 대학교에 있는 대학들 중 한 대학에서 연구원으로 지냈다. 3년간 외국에 있으면서, 프랑스의 대학들에서도 시간을 보냈다. 메리가 왕위에 올랐을 때, 그는 처음에는 독일의 프랑크푸르트로 갔다가, 1년 후인 1555년에 제네바로 옮겼다. 거기서 수백 명의 영국인 교회의 목사로 임명되었고, 존 칼빈의 여동생인 카타린 쇼뱅(Catharine Chauvin)*과 결혼하였다.

*[칼비누스(Calvinus)는 프랑스어 이름인 쇼뱅(Chauvin)의 라틴어 형태이다.]

제네바 신약성경이 출판되자, 휘팅엄은 학식 있는 동료 망명자 두 사람과 함께 성경 전체를 개정하는 목표를 세운다. 그들은 1558년 밤낮으로 이 일에 매달리는데, 1558년은 불운한 *메리가 비애 속에 죽은 해이다.

*[프로테스탄트 원로 목사들 중 한 사람이 메리의 장례식 설교를 했는데, 설교 본문이 『**이제 가서 이 저주받은 여자를 보고 그녀를 장사하라. 이는 그녀가 왕의 딸임이라.**』(왕하 9:34)였다. 그는 이 설교로 인해 이의를 제기받았고, 그 본문이 그의 설교에서 가장 무례한 부분으로 판결되었다!]

휘팅엄과 그 동료들은 계속해서 작업을 했고, 결국 1560년 4월 전체 작업이 끝나게 되었다. 비용은 제네바에 있는 영국인 교회의 부유한 지체들이 지불하였다. 향후 80년간 이 개정판, 즉 제네바 성경의 수많은 인쇄본들이 인쇄되어 출판된다. 제네바 성경은 심지어 킹제임스성경이 출판된 이후에도 여러 번 출판되었는데, 이는 짤막한 관주가 많이 포함되어 있어서 청교도들에게 인기가 있었기 때문이었다. 편집자들은 첫판이 제네바에서 인쇄된 직후 영국에 돌아왔다.

휘팅엄은 곧 베드포드(Bedford)의 백작인 영국 대사의 전속 사제로서 프랑스로 가게 되었다. 그 후 다시 돌아와서 워릭(Warwick)의 백작 전속 사제를 지낸다. 휘팅엄은 영국 교회들 안에서 유지되어 온 카톨릭적 의식들에 대해 확고한 반대 입장을 지녔는데, 그럼에도 불구하고 이런 뛰어난 귀족들의 영향력에 힘입어 1563년 더햄의 지역 주임 사제로 임명되었다. 휘팅엄의 능력은 매우 높게 평가받았다. 비서관 세실(Cecil)이 승진하여 재무장관이 되었을 때, 휘팅엄이 바라기만 했다면, 공석인 비서관직에 휘팅엄이 앉을 수도 있었을 것이다. 그는 그가 국교회의 일반적인 관행을 따르지 않는 것과 제네바에서 장로교의 성직을 받은 것 때문에 교회 재판소에 반복적으로 기소되었고, 한번은 요크의 대주교에 의해 파문을 당한다. 엘리자베스 여왕에게 항소하자, 여왕은 북부 교회위원회의 의장이었던 헌팅턴의 백작인 헨리(Henry)와 요크 지역 주임 사제 허턴(Hutton) 박사를 심의위원회의 위원으로 임명하여, 이 항소심을 심의하고 판결하게 한다. 심의위원회는 "휘팅엄이 대주교보다 상위에 있는 직위에 임명된 사람이므로 대주교의 파문은 무효"라고 분명히 선언하였다. 파문을 유효화하기 위한 요크의 대주교 측의 다른 시도도 있었으나 성공하지 못했다. 당시 성직록을 받고 있던 휘팅엄은, 이 기소가 끝나기 전인 1579년 65세의 나이로 생을 마감했다. 그는 더햄에 있는 대성당에 묻혔다. 그는 매우 경건하고 강력한 설교자였으며, 신앙과 학문에 광채를 더해 주는 사람이었다. 그는 그의 출판물들을 통해서, 주로 영어 성경의 개정판을 통해서, 신앙과 학문에 크게 기여했다. 그는 시편 가사에 곡을 붙인 찬송가 책들의 저자이기도 하다. 운문으로 번역한 틴데일의 시편이 여전히 〈회중 기도서, Book of Common Prayer〉로 인쇄되고 읽히는 것처럼, 휘팅엄의 찬송가들도 영국과 미국의 감독교회에서 여전히 불리고 있다.*

*[윌리엄 휘팅엄과 함께 시편에 곡을 붙인 토머스 스턴홀드(Thomas Sternhold), 존 홉킨스(John Hopkins), 토머스 노턴(Thomas Norton)은 모두 강력한 청교도였으며, 당시에 유명한 사람들이었다.]

앤서니 길비(Anthony Gilby)

제네바 성경을 준비할 때 휘팅엄과 함께 일했던 앤서니 길비(Anthony Gilby)는 링컨셔에서 태어났으며, 케임브리지 대학교의 크라이스트 대학에서 교육을 받았다. 그는 거기에서 라틴어, 헬라어, 히브리어에 대한 매우 정확하고 해박한 어학 능력을 습득했으며, 국교회의 관행, 의식, 부패에 대해 담대하게 반대하는 개혁가가 되었다. 메리 여왕이 유혈과 화형의 박해를 가하고 있을 때, 그는 대륙으로 건너가 제네바에 주로 머물렀다. 엘리자베스가 왕위에 오르자마자, 영국으로 돌아와서, 애쉬비-드-라-주쉬(Ashby-de-la-Zouch)의 부유한 목사관에 자리 잡았다. 거기서 그는 "주교처럼 높이 대우받으며" 생활했다. 그는 "유명하고 경건한 목사"였고, 하나님께서 그의 열정적이고 신실한 사역에 놀랍도록 복을 주셨다. 그는 영국에서 가장 고귀한 사람으로서 가장 높은 평가를 받는 자리에 서 있었다. 영국은 그의 비국교도적인 자세 때문에 받는 피해를 막아 주지 못했다. 그는 오래 살았으나, 언제 죽었는지 알려지지는 않았다. 그는 카톨릭의 오류들과 가증스러운 의식들뿐만 아니라 영국 국교회에 남아 있는 카톨릭의 모든 잔재들에 대항하는 불꽃같은 열정으로 주목받았다.

토머스 샘프슨(Thomas Sampson)

제네바에서 휘팅엄과 함께 일한 나머지 한 명의 조력자는 신학 박사인 토머스 샘프슨(Thomas Sampson)이었다. 그는 1517년에 태어났고, 옥스퍼드 대학교에서 교육을 받았다. 그는 용감한 프로테스탄트이자 청교도였으며, 위대한 학자였다. 1551년 런던 브레드스트리트 올핼로우스의 교구 사제가 되었고, 다음 해에는 윈체스터의 주임 사제가 되었다. 그는 에드워드 왕이 죽을 때까지 하나님의 말씀을 전파한 위대한 설교자의 삶을 살았고, 그 후에는 은거하는 삶을 살아야만 했다. 결국에는 큰 어려움을 겪으며 영국에서 유럽으로 망명했다.

그는 제네바에서 영어 성경의 완성을 돕는 가장 위대한 일에 참여하게 된다. 엘리자베스의 통치가 시작된 후, 영국으로 돌아오자마자 노리치의 주교직을 제안받았으나 양심의 가책으로 정중히 거절했다. 그는 그의 놀라운 기억력과 멋진 설교로 강단에서 주목을 받았으며, 수년간 가장 인기 있는 궁정 설교자들 중의 한 사람이었다. 1560년 옥스퍼드 대학교의 크라이스트처치 대학 주임 사제가 되었다. 그 대학과 관련된 많은 사람들이 그의 학식을 높이 샀으며, 그의 임명을 간청하는 편지에서 그에 관하여 이렇게 썼다. "이 땅의 학식 있는 모든 사람을 충분히 고려해 본 결과, 독보적인 학식과 위대한 경건성의 측면에서 모든 사람의 찬사를 받는 그와 비견될 사람은 없습니다. 그보다 훌륭한 사람이나, 그보다 위대한 언어학자나, 그보다 완벽한 학자나, 그보다 심오한 성직자가 있을지 의문입니다." 1564년 그는 그의 비국교도적인 자세 때문에 혐오스런 특별고등법원 앞에서 기소 심의를 받았으며, 직위가 박탈되고 수감되었다. 그의 석방에는 많은 어려움이 수반되었다. 1570년에 그는 세인트폴스 대성당에 있는 팬크러스의 주교좌성당 명예참사회원이 되었다. 1573년에는 약간의 마비 증세를 겪은 후, 영향력 있는 직위인 레스터 병원의 원장에 임명된다. 그곳에서 16년간 매우 유용한 사역을 펼쳤으며, 1589년 72세의 나이로 생을 마감한다.

망명 중이던 이 세 사람의 동료가 성경을 개정하고 출판할 만한 충분한 자격을 갖춘 사람들이었다는 사실은 명백하다. 이 제네바 성경은 향후 거의 80년간 영국에서 가장 선호된 보편적인 성경이었다. 이 학식 있는 사람들을 해외로 망명하게 하셔서 향상된 번역을 할 수 있도록 기회를 허락하시고, 그것이 준비되자마자 영국인들에게 자유롭게 소개될 수 있도록 길을 예비하신 것은 하나님의 놀라운 섭리이다. 그러므로 성경에 대한 박해는, 마치 "무리하게 뛰어서 엉뚱한 곳에 떨어진 과도한 야망"처럼, 자신의 목표를 스스로 파괴시키고, 자기가 파괴시키고자 했던 것을 오히려 돕게 된 것이다. 하만은 교만하게도 모든 유대인을 멸망시키고자 하였으나, 그는 그가 생각하거나 꿈꾼 것보다 최소 "50큐빗" 더 높은 곳에 올라가게 되었다!

콜리지(Coleridge)는 "엘리자베스 여왕의 관심은 프로테스탄트적이지만, 그 성향은 카톨릭적이다."라고 말했다. 엘리자베스 여왕 통치 기간 동안에, 영어 성경의 출판은 계속되었는데, 처음에는 왕실의 허가에 의한 출판보다 왕실의 묵인하에 이루어진 사적인 출판이 더 많았다. 여왕이 통치를 시작한 직후에, 한 귀족이 다소 공개적인 석상에서 여왕에게, "여왕께서 무고한 수감자들을 많이 석방시켜 주셨으나, 매우 뛰어난 역량을 지닌 네 명의 수감자가 남아 있으며 자유를 갈망하고 있다."고 요청했다. 여왕이 그들이 누구냐고 묻자, 그 신하는 그들이 거룩한 복음서들의 저자인 마태, 마가, 누가, 요한이라고 말했다. 그는 그들이 예전처럼 영어를 말하며 마음껏 돌아다닐 수 있도록 해 주어야 한다고 간청했다. 이에 대해 신중한 여왕은 "그 수감자들이 정말 그러한 자유를 원하는지, 그들의 생각을 우선 물어 보겠다."고 대답했다. 그러나 여왕은 처음에는 자신의 말을 실행에 옮기지 않았다. 1561년까지는 틴데일 성경, 커버데일 성경, 크랜머 성경, 제네바 성경의 새로운 판들이 자유롭게 유통되었다.

파커 성경(Parker's Bible) / 비숍 성경(The Bishops' Bible)

"비숍 성경"이 캔터베리의 대주교 파커(Parker)의 주관하에 출판된 것은 엘리자베스 여왕이 통치하기 시작한 지 10년이 지난 1568년이었다.

이 성경은 주로 주교로 구성된 매우 학식 있는 사람들 15명에 의해 매우 신중하게 개정된 성경이다. 주로 주교들에 의해 개정되었기 때문에 이름도 "비숍 성경"이 되었다. 각자가 자기가 맡은 부분을 완결하고, 대주교가 그들이 작업한 내용에 대한 최종 개정을 하였다. 그래서 번역의 완성도가 한층 더 높아졌다. 이 성경의 첫판 판권장(발행인 이름, 주소, 발행 연월일 등이 기록된 페이지 - 역자 주)은 지금까지 출판된 것들 중에서 가장 멋진 것이었고, 거의 150개의 인각이 들어 있는 참으로 아름다운 2절판이었다. 비숍 성경은 여왕의 명령하에 수행된 것이라고 오랫동안 믿어져 왔다. 그러나 그렇지 않다. 1775년 파커가 죽을 때까지 여덟 번의 인쇄가 있었으나, "크랜머 성경"처럼 "교회에서 읽히도록" 지명되지 않았다.

이때까지는 제네바 성경이 계속 유럽에서, 그중 대부분이 제네바에서 인쇄되었다. 영국에서는 인쇄되지 않았었다. 제네바 성경은 확실히 영국 국민의 성경이었고, 영국 내에서 가장 큰 인기를 누리며 사용되었다. 그래서 이때부터는 35년간 거의 모든 성경이 바커(Barker) 집안의 부자(父子)에 의해 출판되었다. 그전까지는 여러 인쇄소에 인쇄를 맡겼었다. "왕위에 오른 처녀" 엘리자베스 여왕의 전성기 동안에는, 신구약 합본 성경과 신약성경을 합쳐서 적어도 130개의 인쇄본이 출판되었다. 그중 85개 인쇄본이 신구약 합본 성경이었고, 45개 인쇄본이 신약성경이었다. 이 인쇄본들 중에서 3분의 2가 넘는 90개 인쇄본이 제네바 성경이었다. 85개의 신구약 합본 성경의 인쇄본들 중에서는 60개 인쇄본이 제네바 성경이었다. 수많은 성경이 판매된 것과 1838년 현재의 가격보다 10배 높은 가격으로 성경이 판매된 것은 "시대의 표적"이라 할만 했고, 귀중한 하나님의 책에 대한 전 국가적인 열정이 점점 더 커져가는 것을 확실히 보여 주는 것이었다.

햄프턴 궁전 회의(Hampton Court Conference)

1603년에 제임스 1세가 왕국을 이어받았을 때, 영국 교회의 총체적인 개혁을 원했던 사람들과 엘리자베스 여왕의 홀대를 받았던 사람들은 자기들이 바라던 것을 얻을 수 있으리라는 높은 희망을 가졌다. 제임스 1세가 받았던 장로교적 교육과 스튜어트 왕가와 결별하겠다는 위선적 선언은 그들의 희망을 고취시켰으나, 그는 그들을 더욱 잔인하게 바닥에 내쳐버렸을 뿐이다. 제임스 1세는 곧 그들이 이해할 수 있도록 "하나님과 마귀가 화합될 수 없는 것처럼, 장로교와 군주 정치도 화합될 수 없다."는 자신의 종교적 관점을 제시했으며, 왕의 종교 정책을 표현하는 "주교가 없으면, 국왕도 없다."라는 유명한 명언을 소리 높여 선포했다. 또한 그는 영국의 새로운 통치를 시작할 때 소위 "천인 청원서"라 불리는 것을 받게 되었다. 이것은 천 명의 목사가 서명한 청원서라 해서 이러한 명칭으로 불리는데, 그 정확한 수는 알려지지 않았다. 이 청원서는 영국 국교회에서 실행하는 예배, 사역, 수입, 교리 속에 있는 다양한 악습을 개혁하도록 간청하는 것이었다. "왕실의 권력 다툼"에서 주도권을 잡는 데 있어 뛰어난 능력을 가지고 있었던 제임스왕은, 각 교단의 대표자들로 구성되고 조정권과 결정권이 왕에게 주어진 협의회를 만들어 이 문제를 다루기로 약속했다. 그는 "교회의 잘못된 관행에 관하여 논의하고 결정하는 모임을 승인한다."는 선포문을 내려 보낸다.

이 회의는 1604년 1월 14일, 16일, 18일에 햄프턴 궁전에서 개최된다. 제임스왕은 청교도 쪽에서는 왕이 직접 선발한 4명의 대표를 소집했고, 이에 맞추어, 대성당 성직자 9명과 케임브리지 대학교와 옥스퍼드 대학교의 신학 교수 4명을 소집했다. 이 회의가 소집된 유일한 이유가 제임스왕에게 청교도들에 대한 적개심을 드러낼 기회를 제공하는 것이었다는 사실이 곧 명백해졌다. 청교도들은 독재자와 그의 추종자들에게 협박을 당하고 모욕을 당하고 짓밟혔다. 청교도들은 "권위, 폭력, 술수, 사기, 협박, 공포, 압제, 이렇게 도합 일곱 가지의 강력한 주장에 의해" "받아들이기 어려운 감독 무리들로" 입증되었다. 독재자 제임스왕은 자신의 명령에 양심을 일치시키지 않는 모든 사람을 "이 나라에서 괴롭힐 것"이라고 노골적으로 선언했다.

그러나 이 "조롱 회의"에서 좋은 결과도 한 가지 있었는데, 그것은 억압받는 청교도에 의해 주로 요청된 것이다. 여러 요구사항들 중의 하나로서, 청교도 쪽의 위원장이었던 레이놀즈 박사(Dr. Reynolds)는 관주나 주석이 없는 새로운 성경 번역본이 있어야 한다고 요청했다. 그것은 왕의 스코틀랜드 성직자들 중의 하나였던 패트릭 갤러웨이(Patrick Galloway)가 회의 순서에 따라 진행한 설명에서 두 번째 항목으로 나왔는데, 개혁되어야 한다고 제시된 것들 중에서 갤러웨이가 선정해 놓은 것을 제임스왕이 직접 수정을 해 둔 것이었다. 레이놀즈는 "히브리어 원문과 헬라어 원문에 일치하는 성경 번역본이 난외주 없이 만들어지고 인쇄되어서, 신성한 예배 시간에 영국의 모든 교회에서 사용되어야 한다."고 제안했다. 제임스왕은 이 요구를 승낙했으며, 햄프턴 궁전 회의가 있은 지 6개월도 되지 않아, 이 작업을 수행할 학자들의 선정이 이루어졌다. 그들의 작업은 곧바로 시작되었으며, 전체 인원이 약 4년간 작업하여 성경의 첫 번째 개정본이 나왔다. 두 번째 개정본은 그들 중에서 선발된 12명의 위원회가 9개월을 더 작업하여 만들어졌다. 이 개정본이 종이로 인쇄되어 나오는 데 약 2년이 소요되었다. 그리하여 새로운 불멸의 성경 번역본이 1611년에 완성되고 출판된 것이다. 가장 철저하고 주의 깊게 준비된 7년의 기간이었다.

영어 성경은 1537년 틴데일과 로저스의 번역본이 나온 이래로 다섯 번의 개정을 거친 후에, 현재 우리 앞에 놓여 있는 성경의 모습을 갖추게 된 것이다. 영어 성경은 이 74년의 기간 동안에 서서히 숙성되었고, 제임스왕의 권위하에서 가장 정교하고 철저한 최종의 개정이 이루어짐으로써, 이후 수세기 동안 사용될 책으로 완결된 것이다. 애초에도 잘 만들어졌던 책이 오랜 기간에 걸쳐 그토록 많은 수의 열정적이고 학식 있는 학자들의 노고와 경건한 개정의 혜택을 입었다는 사실은 그 영어 성경에 매우 큰 우월성을 부여한다. 이것이 바로 이 영어 성경의 고유한 우수성과 꾸준한 대중성의 이유인 것이다. 이 성경의 기원과 역사가 이 성경을 사용해야 할 필요성을 너무나 강력하게 뒷받침하기 때문에, 영국 국민들에 의해 빠르게 대중화되어 표준 번역본으로서 자리 잡았다. 그리고 이 성경은 이 성경의 판권을 설정하는 의회의 법률이나 왕의 공표가 없었다. [에든버러 대학의 총장 리(Lee) 박사는 "나는 이 번역본의 사용을 강화하기 위한 어떤 교회법이나 공표문이나 의회법도 발견하지 못했다."고 했고, 앤더슨의 연감에 인용된 바에 따르면, 시먼즈(Symonds) 박사는 "이 번역본은 어떤 종류의 권위에 의해서도 중재되지 않고, 스스로 보급된 것 같다. 이 번역본의 사용을 강화하기 위한 공표문이나 교회법이나 법령의 흔적을 찾을 수 없다."고 말했다. 또한 이 작품의 번역과 출판에 제임스왕의 개인적인 자금이나 공공 국가 예산이 전혀 사용되지 않았다는 것이 최근까지 확인된 내용이다.]

킹제임스성경 이전의 번역본들 중의 일부도 향후 40년간 계속해서 재출판되기는 했다. 그러나 킹제임스성경이 조용히 그리고 배타적으로 영국을 점유하는 데는 오랜 시간이 걸리지 않았다. 누가 우리 시대에도 새로운 번역본이 나오는 것이 가능하다고 믿겠는가? 킹제임스성경만큼이나 전 세계의 영어 사용자들에게 받아들여져서, 아무런 갈등이나 반대 없이, 킹제임스성경이 현재 차지하고 있는 자리를 대신할 만한 그런 새로운 번역본의 출현이 가능하겠는가?

킹제임스성경은 매우 적절한 시기에 완성되었다. 영어가 많은 부분에서 큰 변화를 겪은 후여서, 마침내 그 언어적 순수성과 견고성에 있어서 최상의 상태에 도달해 있었기 때문이다. 이 성경은 번역된 이래로 오늘날까지 영문학의 위대한 고전이 되었으며, 오늘날에도 여전히 영어의 위력을 보여 주는 가장 고귀한 기념비이다. 또한 킹제임스성경은 영문학에 있어서 탁월함의 표본이자 표준으로서, "순수한 영어의 모든 원천"으로 가득 차 있으며, 언어의 신선함을 그대로 유지하고 있다. 이로 인해 킹제임스성경은 영어에 확고한 특성을 부여하였다. 이 성경은 처음 인쇄되었을 때만큼이나 지금도 잘 이해된다. 그러므로 이 성경은 과거와 현재에 성경을 읽은 사람들만큼이나 미래에 읽을 사람들에게도 쉽게 이해될 것이다. 독특하게도 이 성경에는 "현학적 용어들"이라 불리는 단어들이 없다. 현학적 용어들이란 말할 때보다는 글로 쓸 때 더 많이 사용되는 단어들로서 학자들이 아니면 잘 이해하기 어려운 단어들을 말하는 것이다. 루터는 "우리는 교회에서 회중들에게, 집에서 편하게 사용하는 말처럼 누구나 이해하고 친숙하게 사용하는 평범한 모국어를 사용해야만 한다."고 말했다.

제임스왕이 선발한 학자들이 현명하게도 평범한 사람들의 집과 시장에서 사용하는 언어를 고수했다는 것은 1662년 노팅엄셔에 관하여 토머스 풀러(Thomas Fuller)가 쓴 글에서도 드러난다. "평범한 사람들의 언어는 잉글랜드의 모든 마을에서 최상의 언어이다. 그것의 한 증거는 내가 어렸을 때 그 마을의 막노동꾼에게서 얻은 것이며, 그 후로 나는 내 판단을 확신해 왔다. 그는 나에게 '나는 영국에서 우리 마을 사람들이 가장 훌륭한 영어를 사용한다고 믿는다. 왜냐하면 성경은 분명 최상의 영어를 사용하는 학식 있는 사람들에 의해 번역되었고, 시편의 어떤 단어들은 우리가 모르는 어떤 운율에 맞추기 위해 사용되었는데도, 이 시골에 사는 보통 사람들의 말과 완전히 일치하기 때문이다.'라고 말했다." 그러므로 우리는 누구에게나 자연스럽게 받아들여질 만큼 쉽게 이해되는 단어들로 번역된 성경을 가지게 된 것이다. 이 번역본은 많은 사람들이 소유하게 된 가장 값지고 요긴한 것이다. 이 번역본은 그들에게 "하나님의 놀라운 일들을 그들의 언어로" 알려 준다. 번역자들의 서문은 하나님의 신성한 말씀들을 "세상의 모든 부를 능가하는 더 없이 귀중한 보물"이라고 잘 표현해 주고 있다. 또한 토머스 풀러는 이 번역자들에 대해서 다음과 같은 설명을 남겼다. "이 번역자들도 야곱처럼 생명의 우물 입구에서 돌을 굴려 냄으로써, 라헬처럼 연약한 여인들도 자유롭게 와서 물을 마시게 해 주었고, 그들의 가족들에게도 동일하게 물을 먹일 수 있도록 해 준 것이다."

그러나 이 옛 학자들이 성경을 정확하게 번역하면서, 동시에 평범한 말로 번역할 능력이 있었을까? 이것은 그들이 이루어 놓은 작품의 가치를 평가하는 것과, 영감받은 성경 기록자들의 원문을 스스로 점검해 볼 수 없는 독자들이 부여하는 확신의 정도를 추정하는 데 있어서 극히 중요한 질문이다. 그러므로 우리의 번역자들에 관한 요약된 전기문들을 제시하는 것이 이 작은 책의 주요한 목적이다. 우리는 이 사람들이 어떤 사람들이었으며, 이 작품을 위해 어떤 자격을 가진 사람들이었는지를 보여 줌으로써, 성경을 읽는 보통의 사람들이 '번역자들의 능력과 신실함을 얼마나 신뢰할 수 있는지를 스스로 결정'하게 할 수 있을 것이다. 이 성경이 끊임없이 보급되고 엄청난 수의 사람들에게 읽혀진다는 사실을 고려할 때, 지금까지 그들의 모국인 영국에서조차 매우 간결하게 요약된 일부 자료를 제외하고는, 아무도 이러한 일을 시도하지 않았다는 것은 너무나 놀라운 일이다.

번역자들이 가지고 있었던 역량의 관점에서 볼 때, 우리는 하나님의 선하신 섭리에 의해, 그들의 작업이 매우 적절한 시기에 이루어진 것이라고 다시 한 번 말하고자 한다. 그것은 영어가 하나로 통합되고 충실하게 완성되어 있었을 뿐만 아니라, 영국 내에서 헬라어 연구와 히브리어 등의 동양어 연구와 랍비들의 전통에 관한 연구가 그 이전이나 이후보다 훨씬 광범위하게 이루어져 있던 시기였다. 이 특별한 학문 영역이 영국 성직자들 사이에서 그 당시만큼 고양되었던 시기는 없었다. 이 책에서 이러한 사실을 분명히 밝히기 위해서는, 지면의 공간이 허락하는 한 번역자들의 특성과 학문적 역량을 최대한 드러내는 것이 필수적일 것이다. 우리 모두는 킹제임스성경의 번역으로 인해 그들에게 빚진 사람들이 되었다. 이 책의 즐거운 작업이 완성되면, 우리는 이 책을 읽은 독자들이, 이 오만함으로 가득 찬 교만의 시대에조차도, 성경 번역이라는 위대한 작업을 수행할 만한 학식과 경건성에 있어서 대영제국과 미국의 모든 대학들이 킹제임스성경의 번역자들과 동등한 자격을 갖춘 성직자들을 동일한 인원수만큼 양산해 낼 수 없다는 분명한 확신을 가지게 되리라고 확고히 기대하고 있다. 현재 살아 있는 사람들 중에서 이 능력 있는 번역자들과 견줄 만한 자격이 있는 사람은 정말로 거의 없다. 현재 어느 한 교파에서든, 모든 교파를 통틀어서든, 전체 기독교계가 제임스왕의 번역자들에게 부여한 확신만큼의 확신을 부여할 만하거나, 그러한 확신을 받을 만하다는 것을 스스로 증명할 수 있는 그런 유능한 번역자 집단을 소집하는 것은 불가능하다. 자칭 "향상된 성경 번역본"이라는 번역본들이 세상에서 가두행진을 벌여 왔으나, 경건한 대중들은 그러한 번역본을 예외 없이 완전히 도외시해 버림으로써 그 번역본들에게 죽음을 선사해 왔다.

우리의 영어 성경인 킹제임스성경에 대해 번역자들의 절대적인 완벽성을 주장한 것은 아니다. 그러나 이 축복받은 성경은 너무나 완벽하고 정확해서, 평범한 지능을 가진 학식 없는 사람도 기분 좋은 확신을 누릴 수 있을 것이며, 믿음과 기도로 성경을 공부하고 성경의 가르침에 주의를 기울이면, 자신의 구원과 영적인 유익에 필수적인 문제에 관하여 혼란을 겪거나 잘못된 방향으로 인도되지 않을 것이다. 영어를 모국어로 쓰는 어떤 사람이 설혹 성경 원어인 히브리어와 헬라어를 읽을 수 있어서, 예루살렘의 히브리인들이 히브리어 성경을 읽고 고린도의 헬라인들이 헬라어 성경을 읽는 것처럼 그가 원어 성경을 읽을 수 있다 할지라도, 영어 성경인 킹제임스성경은 그에게 원문 성경만큼이나 믿음과 실행에 필요한 모든 것들로 인도하는 안전한 안내자가 될 것이다. 물론 이것은 성경 원어에 대한 지식이 주는 이익들을 폄하하는 것이 아니다. 좋은 번역은 원문에 관한 가장 좋은 주석이고, 원문 그 자체는 번역본에 대한 가장 좋은 주석이다. 번역본에서 약간 모호하게 보이는 구절들이 원문을 참조하면 분명해지는 경우가 있다. 원문을 참조할 때 번역자들이 전달하고자 한 의미가 무엇인지 뚜렷이 보이는 때가 있는 것이다.*

*[이사야 5:18을 예로 들어 보도록 하자. 『**거짓 끈으로 죄악을 끄는 자들과 죄를 수레줄과 같이 끄는 자들에게 화로다.**』(Woe unto them that draw iniquity with cords of vanity, and sin as it were with a cart rope:) 이 병렬 구문의 뒷부분에서 오만한 죄인에 대한 어색한 표현이 나온다. "그가 수레줄로 죄를 지었다!"(He sinned with a cart rope!)로 이해될 수도 있기 때문이다. 이때 히브리어 원문을 참조하면, 우리는 sin이 '동사'가 아니라, 병렬 구문의 뒷부분에서 draw와 대등한 위치에 오기에는 부적절한 요소인 '명사'인 것을 알 수 있다. 그러므로 이 병렬 구문의 완전한 표현은 "죄를 수레줄과 같이 끄는"(and that draw sin as it were with a cart rope:)이 된다. 즉 죄의 줄을 잡고 고되게 끌고 간다는 의미

인 것이다.]

영어와 원어를 둘 다 잘 이해하는 사람은 원어가 더 쉬울 수 있다. 자기 눈으로 보는 사람이 타인의 눈을 통해 안내를 받는 사람보다 걷기가 더 쉬운 것처럼 말이다. 그러나 나는 보통의 영국인들이 하나님의 선하신 섭리에 따라 고대어 학자들만이 누리던 특혜에 가장 가까운 혜택을 누리게 되었다는 것과, 너무나 정확하고 분명하며 믿을 만한 가치가 있는 번역본을 가지게 됨으로써, 내적인 확신을 가지고 "자기 발에 빛이요, 자기 길에 등불"로서 성경을 따르게 되었다는 것을 주장하려는 것이다.

킹제임스성경의 번역 방식과 규칙

제임스왕은 이 위대하고 선한 작업에 54명의 학자를 임명하려 했다. 그러나 처음에 실제로 이 작업에 소집된 인원은 47명이다. 왕의 지시가 내려졌기 때문에, 몇몇 교구 주교들은 그들의 교구에 이 작업을 도울 수 있는 어떤 학자가 있는지 확인하여, 그들에게 왕의 요청에 따라 진지하게 임무를 맡도록 권하고 그들의 제안과 중요한 의견을 회신하도록 하는 편지를 써야 했다. 그렇게 함으로써, 폐하께서 언급하신 바와 같이, "우리가 의도한 이 번역이 우리 왕국 안에 있는 모든 주요한 학자들의 협조와 권장을 받도록" 해야 했다.

17명의 번역자들은 웨스트민스터 대성당에서 일해야 했으며, 15명은 케임브리지 대학교에서, 나머지 15명은 옥스퍼드 대학교에서 일해야 했다. 각 장소의 인원들은 다시 두 번역조로 분리되어, 총 여섯 개의 분리된 번역조를 형성하였다. 번역자들은 모두 그들에게 지시된 규칙들의 목록을 받았다. 첫 번째 규칙은 "비숍 성경"을 작업의 기초로 삼고, 원본에 충실하게 번역하는 데 필수적인 수준보다 더 나아가 수정하지 말라는 것이었다. 그러나 결과적으로 이 새 번역본은 다른 이전 번역본보다, 햄프턴 궁전 회의에서 화가 나서 씩씩거리던 왕이 "최악의 번역본"이라고 비난했던 제네바 성경에 훨씬 더 가깝게 되었다. 두 번째 규칙은 고유명사의 표기에 사용된 당시의 방식을 가능한 한 유지하라는 것이었다. 세 번째 규칙은 "오래된 기독교 용어는 유지"하라는 것이었다. 예를 들면, "회중"(congregation) 대신 "교회"(church)를 계속 유지하라는 것이다. 네 번째 규칙은 어떤 원어 단어가 여러 가지 다른 의미로 해석될 수 있는 경우에는 옛 교부들이 보편적으로 승인한 해석을 따라야 하며 "위치의 적절성과 믿음에 따른 판단"에 주안점을 두어야 한다는 것이었다. 다섯 번째 규칙은 장의 구분은 가능한 한 적게 바뀌어야 한다는 것이었다. 여섯 번째 규칙은 레이놀즈 박사가 햄프턴 궁전에서 현명하게 제안한 바와 같이 모든 번역자 주와 주석을 빼고, 그러한 위험한 도움들 없이 충분히 이해되도록 번역본을 만들어야 한다는 것이었다. 일곱 번째 규칙은 상호 참조 구절과 해설 구절에 여백 관주를 제공하라는 것이었다. 여덟 번째 규칙은 번역조 내의 각 번역자는 서로 같은 장들을 개별적으로 번역한 후, 전체가 모인 자리에서 각자의 번역을 비교하여 최종안을 합의하여야 한다는 것이다. 그러므로 성경의 각 부분을 할당받은 각각의 번역조 내에 인원수에 따라 주의 깊게 작업한 일곱에서 열 개의 서로 다른 번역본이 있게 되고, 그 전체를 비교하여 각 번역조가 맡은 부분에 대한 하나의 최종적 번역본을 만들어 내는 것이다. 아홉 번째 규칙은 각 번역조에서 제시된 규칙에 따라 가능한 한 빨리 담당한 부분의 번역본을 만들고, 그것을 다른 번역조에 보내서 그들 모두의 비평적인 재검토를 받아야 한다는 것이다. 열 번째 규칙은 다른 번역조로부터 받은 번역 부분에 의심스럽거나 만족스럽지 못한 것이 있으면, 그 위치와 반대하는 이유를 적어 원래의 번역조에게 돌려보내야 하고, 만약 그렇게 보내진 제안에 원래의 번역조가 동의할 수 없으면, 그 문제는 번역 작업의 최종 단계에 있게 될 각 번역조의 대표자들로 구성된 전체 회의에서 최종적으로 조정해야만 한다는 것이다. 그러므로 첫 번째 단계에서는 성경의 각 부분이 그 부분을 할당받은 각각의 분리된 번역조의 각 개인에 의해 충분히 고려되고, 두 번째 단계에서는 그 번역조 안에서 협의되고, 세 번째 단계에서는 나머지 다섯 번역조에 의해 신중하게 검토되고, 네 번째 단계에서는 개정 위원회의 전체 회의에서 결정되는 것이다. 이렇게 신중한 계획에 따라 성경의 각 부분이 최소 열네 번 세심하게 검토되는 것이다. 열한 번째 규칙은 어떤 특별한 어려움이나 모호함이 있는 경우에는 직권으로 영국 내의 다른 학자에게 그 문제에 대한 판단을 요청하는 편지를 보낼 수 있다는 것이다. 열두 번째 규칙은 모든 주교는 당면한 과업에 대하여 자기 교구의 성직자들에게 통보하고, "성경 원어에 익숙하게 되는 데 있어서, 그만큼의 노력을 기울이도록 조치를 취하고 임무를 할당하여 각 개인의 연구 성과를 번역자 집단에 보내라."는 것이었다. 열세 번째 규칙은 각 번역조의 책임자를 임명한 것이었다. 열네 번째 규칙은 "번역하는 내용이 비숍 성경이 아닌 다른 번역본에 더 일치하는 경우에" 사용될 다섯 종류의 번역본을 열거한 것이었다. 그 다섯 번역본은 틴데일의 번역본, 틴데일과 존 로저스의 합작품인 매튜의 번역본, 커버데일의 번역본, 위트처치(Whitchurch)에 의해 인쇄되었으며 "크랜머의 번역본" 또는 "그레이트 성경"으로도 불리는 위트처치의 번역본, 그리고 "제네바 성경"이다. 이러한 규정의 목적은 새로운 단어나 표현을 사용함으로써 오는 의심의 여지를 가능한 한 피하려는 것이다. 킹제임스성경의 번역자들은 매우 신중하게 제시된 이 명령들을 주의 깊게 준수함으로써 우수한 번역본을 완성해 내는 데 있어서 큰 기여를 하게 되었다.

번역자들에게 전달된 이 규정들 외에 또 다른 것이 추가된 것 같다. 여섯 번역조의 책임자 외에도 "대학에 있으면서 이 작업에는 임무를 배정 받지 않은 고령의 권위 있는 성직자 서너 명"이 추가로 지원되었다. 이것은 차관들과 대학의 학장들로 하여금 "네 번째 규칙의 더 나은 수행을 위해서, 헬라어와 히브리어의 번역에 대한 감독자들"을 지명하게 한 것이다.

학자였던 셀던(Selden)은 번역자들 각자가 번역한 것을 비교하기 위해 모였을 때, 각자의 손에는 한 권의 성경이 들려 있었다고 말한다. 만약 변경될 필요가 있다고 생각되는 부분이 나오면 그렇게 생각한 사람이 말을 하고, 그렇지 않으면 읽기가 계속되었다. 최종적인 개정은 여섯 사람에 의해서가 아니라, 열 번째 규칙에서 지시하는 바와 같이 열두 명에 의해서 이루어졌다. 이것은 가장 활동적인 번역자들 중의 하나였던 새뮤얼 와드 박사(Dr. Samuel Ward)가 1618년 도르트 교회 회의에서 언급한 것이다.

이 번역본의 인쇄는 마일스 스미스 박사(Dr. Miles Smith)와 빌슨(Bilson) 주교에 의해 수행되었으며, 아마도 밴크로프트(Bancroft) 대주교와 다른 고위 성직자들의 도움을 받은 것 같다. 번역을 진행하고 번역본을 인쇄하는 모든 비용은 "가장 탁월하신 제임스 1세 폐하의 인쇄 담당자"였던 로버트 바커(Robert Barker)가 지불하였다. 판권은 3,500파운드였으며, 그의 상속인과 양수인에게 1709년까지 그 특권이 유지되었다. 킹제임스성경이 완성된 이후로 오늘날까지 240년이 넘는 기간 동안 하나님께서는 앵글로 색슨족에게 이 소중한 책을 통해 말씀해 오셨다. 무지, 특히 하나님의 말씀에 대한 무지가 헌신의 모체라고 확고히 믿어 온 카톨릭은 하나님의 말씀을 사제들이 고안해 낸 의식들과 수도승들의 부패로 기꺼이 대체해 왔다.

모든 해악을 철폐하도다, 신성한 경전이여,
먼지 속에 격리되어 오랜 세월 묶였다가,
모국어의 억양을 가졌도다.
쟁기를 잡았든지, 홀장(笏杖)을 들었든지
이제 성령의 인도하심으로 그 기록을 읽고,
성령의 함께하심으로 그 노래를 들으며,
성령의 도우심으로 그 법들을 탐구하게 되었네.
악인은 그 일을 심히 의아해하나,
믿음은 그의 의심을 감내했고 하늘은 잠잠히 인내하는도다.
탁월한 은혜로다! 땅의 왕이 부여한 가장 고결한 것.

죽음, 그 비참함의 무게를 짊어진 우리에게
동일한 무게의 축복을 부여했네.

킹제임스성경은 오늘날까지도 카톨릭의 발전을 격퇴하고 교황의 모든 권위에 손상을 입히기 위해 세워진 가장 막강한 장애물이다. 이 영어 성경은 원래 영국이라는 한정된 범주 안에 거주하고 있던 500-600만 명의 사람들을 위해서만 쓰이도록 의도되었기 때문에, 당시까지만 해도 유동적이었던 영어의 형성과 고정에 즉각적인 영향을 미쳤고, 이렇게 형성된 영어가 모든 작은 섬들과 모든 해안까지 전해지게 되었다. 그리고 두 세기 반이 지난 현재, 이 영어 성경은 사람들의 마음에 기쁨을 주어 왔으며, 지금도 대영제국뿐만 아니라, 북아메리카, 인도, 아프리카 일부 지역, 오스트레일리아에 있는 수백만 명의 사람들의 마음에 기쁨을 주고 있다. 현재 영어는 하늘 아래 그 어떤 언어보다도 더 많은 사람들에게 보편적으로 사용되는 언어일 것이다. 또한 영어 성경은 원어 성경보다 훨씬 더 많은 사람들에게 하나님께서 드러내신 진리의 지식을 더 많이 전달했고, 지금도 여전히 전달하고 있다. 번역자들은 현세에 있어서나 영원에 있어서나 그들 자신이 이루어 놓은 일의 방대한 결과와 막대한 영향력에 대해 거의 예견하지 않았다. 존경할 만한 사람들이다! 번역자들의 이름은 몇몇을 제외하고는 거의 알려지지 않았으나, 하나님의 섭리 안에서, 그들의 노고의 열매들은 먼 나라에까지 뻗어나갔고, 강력한 제국들의 넓고 깊은 기초들을 놓았다. 또한 역경을 견딜 수 있는 힘을 늘려 주었고, 부의 유혹에 저항할 수 있는 은혜를 배가시켰다. 그들의 노고에 도움을 받아, 얼마나 많은 사람들이 현명하게 되어 구원에 이르게 되었는지 심판의 날이 되어야만 드러나게 될 것이다.

이제 확실히 이 존경할 만한 사람들의 이름들을 부당한 망각으로부터 부활시켜야 할 때가 되었다. 최소한 이 번역자들로부터 막대한 혜택들을 받은 사람들의 상당수가 자신이 빚진 사람들이 누구인지는 알아야 할 것이다. 감사의 마음은 하나의 기쁨이기도 하다. 그러므로 이 작은 책이 많은 사람의 가슴속에, 이토록 좋은 작품을 이뤄내어 "열매 맺는 모든 시대를 그들 자신의 것으로" 만든 번역자들에 대한 감사의 마음과, 그 번역자들에게 그러한 역량을 허락하시고, 그들에게 구원의 진리를 그렇게 널리 확산시키는 데 헌신할 수 있는 기회를 허락하신 분께 대한 감사의 마음을 일깨우는 데 기여할 수 있기를 소망하는 바이다.

킹제임스성경의 번역자들

여러 번의 향상된 개정을 통하여 현재의 형태로 우리에게 전해져 내려온 영어 성경의 역사를 이렇게 추적해 오면서, 나는 이 작업에 마지막 손길을 부여한 사람들, 즉 킹제임스성경의 번역자들은 누구였으며, 그들은 이 작업에 대한 자격 요건들을 만족시키는 사람들이었는가라는 질문을 가지게 되었다. 분명한 것은 킹제임스성경의 번역자들 각 개인에 대해 조사하는 것이, 그들의 번역이 가치를 존중받을 만한 작업이었는지를 확신하는 데 극히 중요하다는 사실이다. 만약 번역자들이 하나의 조직체로서 이러한 작업을 수행할 만큼 탁월하게 적합한 사람들이었다는 것을 증명할 수 없다면, 전 세계의 영어 사용자들을 위해 하나님의 말씀을 번역하고 보급하는 문제에 있어서, 이 번역본이 "최종판"으로 주어졌다는 주장을 할 수 없을 것이기 때문이다.

킹제임스성경의 번역자들이 그토록 위대한 작업을 수행하기에 적합한 자격을 갖춘 사람들이었는가라는, 이렇게 명백한 중요성을 띠고 있는 물음이 이토록 오랫동안 거의 거론되지 않고 남겨져 있었다는 사실은 극히 이상한 일이다. 번역 그 자체의 역사는 위대한 사역으로서 무수히 언급되어 왔으나, 몇몇 사람에 대한 극히 빈약한 언급을 제외하고는, 번역자들 개개인에 관해서 설명하려고 시도한 사람이 한 사람도 없었으며, 그들에게 요구된 업무 수행 능력과 학식의 관점에서 볼 때, 당대에 그들이 가졌던 명성이 적합한 것이었는지를 검증하기 위해 시간을 할애하는 것이 가치 있는 일이라고 생각한 사람도 전혀 없었던 것 같다. 자신이 선정한 주제와 관련해서는 극히 세밀한 정보와 조사 내용도 충실히 기록한 사람이었던 크리스토퍼 앤더슨(Christopher Anderson)조차도 그의 수많은 책들 속에서 이토록 필수적인 분야에 관해서는 고작 한두 쪽의 지면만을 할애했을 뿐이다.

이 책의 저자가 킹제임스성경을 번역한 뛰어난 성직자들에 관하여 더 많은 것을 알고 싶다는 열망을 가지기 시작한 것은 거의 20년 전의 일이다. 그때부터 그는 번역자들에 관해서 "소멸해 가는 정보를 보완"해 줄 수 있을 것 같은 장소면 어디든 찾아다녔다. 처음에 그는 이들의 이름을 확인하는 것 이상의 정보를 얻을 수 없다는 사실에 거의 절망했었다. 그러나 점차로 다양한 경로를 통해, 적절한 방식으로 이 주제에 관해 기술할 수 있을 만큼 충분히 상세한 정보를 얻을 수 있었다. 그의 주제는 제임스왕에 의해 임명된 번역자들이, 요구된 모든 학문 영역에서 심오하고 조예가 깊은, 원숙하고 핵심적인 학자들이었다는 사실과, 이들보다 더 나은 집단이 동일한 목적을 위해 선발된 적이 아직껏 한 번도 없었다는 사실을 단순하게 제시하는 것이다.

제임스왕의 번역 위원회에서 활동한 47명 중에서 일부 번역자들은 당시에 매우 명성 있는 학자였음에도 불구하고 오늘날 알려져 있는 것이 거의 없다. 그들 중 몇 명은 아예 이름밖에 남아 있지 않다. 학문과 경건함에 있어서 이토록 고귀한 기념비적인 작품을 남긴 그들의 이름은 영원히 기억될 가치가 있다. 매우 뛰어난 실력을 가지고 있었으나 번역자에 선발되지 못한 다른 학자들이나 성직자들과 비교하여 판단하자면, 선발된 번역자들의 역량에 대한 증거는 그들이 선발되었다는 것 그 자체라 할 수 있을 것이다. 즉 그들이 그 당시에 그 땅에서 가장 밝게 빛나는 빛들이 되기에 적합한 사람들로 여겨졌다는 것이다. 제임스왕이 그의 왕국에서 가장 우수하고 원숙한 능력자들을 이 일에 선발하고자 계획했을지라도, 번역자 명단에 오르지 못한 브로턴(Broughton)과 베델(Bedell)처럼, 자신의 학문에 있어서 충분한 실력은 있었으나 번역자로 선발될 만큼 유명하지는 않았던 사람들이 영국에 여전히 많이 있었다는 사실로 볼 때, 선발된 번역자들의 자격은 의심의 여지가 없다. 그러므로 번역자들 중 일부가 오늘날의 우리에게는 잘 알려지지 않았을지라도, 당시에는 최상의 자리에 앉기에 합당한 사람들로 여겨졌었다는 것이 추론 가능한 유일한 결론인 것이다. 번역자들에 대하여 우리가 앞으로 읽게 될 내용들은 우리로 하여금 이 훌륭한 번역자들 전체에 대해 매우 높은 평가를 내리도록 우리를 이끌어 갈 것이다. 이 책에서는 킹제임스성경의 각 번역조별로 중요한 인물부터 소개해 가고자 한다.

첫 번째 번역조

랜슬럿 앤드루스(Lancelot Andrews)

랜슬럿 앤드루스는 1565년 런던에서 태어났다. 그는 주로 런던의 테일러 무역 학교(Merchant Taylor's school)에서 교육을 받았고, 케임브리지 대학교 펨브로크 홀(Pembroke Hall)의 일등 헬라어 장학생 중 하나로 선발되었다. 그는 1년에 한 번 유월절에 한 달간 부모님과 함께 방학을 지냈으며, 이 방학 동안에 외국어를 가르쳐 줄 선생님을 찾아서 이전에 배운 적이 없는 외국어를 배웠다. 이런 방식으로 그는 현대 유럽어의 대부분을 익혔다. 대학교에서는 주로 동양어와 신학 공부에 몰두했다. 그가 대학에서 오늘날의 대학 교수에 해당하는 연구원으로 지원했을 때, 공석이 한 자리밖에 없어서, 더브(Dove) 박사라는 강력한 경쟁자와 경쟁을 하게 되었다. 더브 박사는 나중에 피터버러의 주교가 된 사람이다. 길고도 엄격한 시험을 치른 후에, 앤드루스가 연구원으로 선발되었다. 그러나 더브 박사도 이 시험에서 매우 훌륭한 학자라는 사실이 증명되었기 때문에, 그를 잃고 싶지 않았던 대학은 그를 일종의 임시 연구원으로 선발하였다. 앤드루스는 옥스퍼드 대학교의 지저스대학 명예 연구원으로도 임명되었으며, 케임브리지 대학교에서는 전도사(catechist), 즉 신학 강사가 되었다.

이렇듯 눈에 띄는 그의 재능으로 인해 그에게 곧 강력한 후원자가 생겼다. 헌팅던의 헨리(Henry) 백작이 그의 후원자가 된 것이다. 헨리 백작은 그를 잉글랜드 북부로 데리고 갔으며, 거기서 그는 그의 설교와 논쟁으로 많은 카톨릭 신자들을 개종시키는 도구로 쓰임받았다. 또한 엘리자베스 여왕의 국무상(國務相) 프랜시스 월싱엄 경(Sir Francis Walsingham)에게 도움을 받아 햄프셔 앨턴의 교구 주임 사제가 되었고, 그 후 런던의 세인트가일스 교회의 교구 대리 사제가 되었다. 그는 나중에 세인트폴스 대성당의 주교좌성당 명예참사회원과 대성당 참사회원이 되었고, 서더크의 대성당에서도 참사회원이 되었다. 그는 그곳 세인트폴스 대성당에서 일주일에 세 번씩 신학 강의를 했다. 1589년 펄크(Fulke) 박사가 사망하자, 앤드루스 박사는 젊은 나이에도 불구하고 자기가 교육받았던 바로 그 펨브로크 홀의 학장이 되었다. 이 대학의 학장으로 있는 동안에 그는 이 대학의 주요 후원자들 중의 한 사람이었다. 당시에 이 대학은 꽤 가난했는데, 그의 노력으로 이 대학의 기부금이 매우 늘어났다. 많은 세월이 흘러 그가 죽을 때, 그는 300권의 2절판 서적들과 두 명의 연구원을 더 늘릴 수 있는 금액인 1,000파운드의 장학금을 이 대학에 기증하였다.

그는 학장직을 사임하고 엘리자베스 여왕의 직속 사제가 되었다. 여왕은 그의 설교를 매우 좋아했다. 여왕은 그를 웨스트민스터 대성당의 주교좌성당 명예참사회원에 임명했으며, 나중에는 웨스트민스터 대성당의 주임 사제에 임명하였다. 교회의 고위직 임명과 승진에 있어서, 그는 매우 선호되는 사람이었다. 앤드루스 박사가 킹제임스성경 번역자들의 첫 번째 번역조의 책임자가 된 것은 웨스트민스터 대성당의 주임 사제직을 수행하고 있을 때였다. 첫 번째 번역조는 열 명으로 구성되어 있었으며, 웨스트민스터 대성당에서 모임을 가졌다. 그들에게 할당된 부분은 모세오경과 역사서에서 열왕기하 끝까지였다.

앤드루스 박사는 엘리자베스 여왕 때보다 제임스왕의 통치기에 훨씬 더 높은 명성을 누렸다. 이 "왕의 학자"는 교황들의 거만한 주장들에 반대하여 "왕권 옹호"라는 글을 썼는데, 유명한 추기경인 벨라르미노(Bellarmine)에 의해 매우 극심하게 반박되었다. 제임스왕은 앤드루스 박사에게 벨라르미노를 반박하게 했다. 앤드루스 박사는 이것을 학술적이고 기백이 넘치는 글로 써서 4절판 책으로 냈는데, 카소본(Casaubon)에 의해 극찬을 받았다. 이 4절판 책에 있는 내용에 대해 벨라르미노는 아무런 답변을 하지 않았다. 이 일로 인해 제임스왕은 그를 치체스터의 주교로 임명하였다. 왕에게 승리를 안겨 준 투사에게 보상을 해 준 것이다. 이 직위에 임명된 것은 1605년 11월 3일의 일이었는데, 성경 번역자의 한 사람으로 임명된 직후의 일이었다. 그는 이 주교직을 매우 겸손히 받아들였는데, 이전에 한 번 이상 이 고위직을 사양한 적이 있었기 때문이다. 그의 주교 인장에 새겨진 문구는 "그리고 누가 이 일들을 할 만큼 충분한 자격을 갖추었는가!"라는 근엄한 외침이었다. 이 시기에 그는 또한 왕의 의료 총책임자가 되었는데, 큰 신임을 받는 직위로서, 이 일을 하면서 신실하고 청렴한 사람으로 인정받았다. 1609년 9월에 그는 엘리의 주교직으로 옮겨졌고, 제임스왕의 개인 자문 위원으로 부름받았다. 1618년 2월에는 윈체스터의 주교직으로 옮겨졌는데, 캔터베리의 대주교직보다 낮은 직위였음에도 불구하고, 당시에는 훨씬 더 많은 기부금이 모이는 곳이었다. 그래서 "캔터베리는 더 높은 선반이지만, 윈체스터는 더 좋은 구유이다."라고 말해지곤 했다. 이 마지막 직위를 받았던 시기에 앤드루스 박사는 국왕 직속 예배실의 주임 사제로 임명되었다. 이 직위는 그가 죽을 때까지 유지되었다.

앤드루스 주교가 맡았던 모든 직책들에서 그는 매우 능력 있고 완벽하게 업무를 수행했다. 이 훌륭한 주교는 왕과 함께 있을 때 즐거운 분위기를 만들 줄도 알았다. 시인인 에드먼드 웨일러(Edmund Wailer)가 한번은 궁정에 갔을 때, 앤드루스 주교와 더햄의 닐(Neile) 주교가 왕과 대화하는 것을 우연히 들었다고 한다. 제임스왕이 의회의 승인 없이 왕실의 수입을 늘리려고 애쓰던 시절이었다. 앤드루스 주교는 왕의 이러한 조치들에 품위 있고 단호하게 반대했다. 왕이 두 주교에게 "경들, 의회에서의 형식적인 절차 없이는, 내가 원하는데도 내 백성의 돈을 가질 수 없단 말이오?"라고 묻자, 왕의 가장 비열한 아첨꾼 중 하나이자 청교도 성직자들을 가장 냉혹하고 거만하게 억압하던 더햄의 주교 닐 경은 "폐하, 결코 그렇지 않습니다. 하실 수 있습니다. 폐하께서는 우리 코의 호흡이십니다!"라고 즉시 대답했다. 이 대답을 듣자마자, 왕은 윈체스터의 주교인 앤드루스 박사를 쳐다보며 "경은 나에게 뭐라 말하시겠소?"라고 물었다. 앤드루스 박사는 얼버무리듯이 "폐하, 의회의 문제를 판단할 만한 능력이 저에게는 없습니다."라고 대답했다. 그러나 왕은 "경은 핑계 대지 마시오. 짐에게 즉시 대답하시오!"라고 말했다. 상황 판단이 빠른 앤드루스 박사는 "그렇다면, 폐하, 대답하겠습니다. 제 생각에는 폐하께서 저의 형제 닐 경의 돈을 가지시는 것은 합법적이십니다. 닐 경이 방금 동의했으니 말입니다."라고 대답했다. 제임스왕은 이 재치 있는 답변에 크게 즐거워했으며, 위축되어 있던 신하들에게도 큰 즐거움을 주었다.

"평범한 사람들의 유익을 위하여," 킹제임스성경 서문에 적혀 있는 바와 같이, 우리는 그것을 필요로 하는 사람들에게 유용한 단서를 제공해 줄 수 있는 작은 사건을 적고자 한다. 앤드루스 박사가 케임브리지 대학교에서 성직자의 한 사람으로 있었을 때, 그 활기 없는 도시의 훌륭한 부시장으로부터 지원을 받고 있었는데, 그 부시장은 유감스럽게도 오후 설교 때 조는 습관이 있었다. 그래서 매우 치욕스럽게도 설교자인 그 교구의 주임 사제로부터 공개적으로 비난을 받은 적이 있었다. 그러나 앤드루스 박사는 그 교구의 주임 사제처럼 사무적이고 직선적인 사람들이 사용하는 비난하는 말투로 그 "거물"을 자극하는 행동은 하지 않았다. 유명한 로메인(Romaine) 박사가 한번은 런던의 배부른 회중들을 향해 2파운드의 쇠고기와 흑맥주 한 병에게 설교하는 것은 어려운 일이라고 말한 적이 있는데, 앤드루스 박사도 로메인 박사의 의견과 같은 의견을 가지고 있었던 것 같다. 그래서 앤드루스 박사는 그의 부시장 친구에게 점심을 간소하게 먹음으로써 오후 설교 때 졸지 않고 깨어 있도록 하라며 부드럽게 조언했다. 그는 앤드루스 박사의 조언을 따랐으나, 그 조언이 별로 도움이 되지 못했다. 그 뚱뚱한 고위 관리는 자기 자리에서 잠들고 말았고, 흥분한 설교자의 거친 비난을 받고서야 잠에서 깨어났다. 굴욕감을 느낀 부시장은 매우 졸리는 눈에 눈물까지 맺힌 채로 더 확실한 자문을 구하기 위해 앤드루스 박사를 찾아왔다. 그의 증상에 동정을 느낀 사려 깊은 이 성직자는 차라리 평소처럼 점심을 먹고 그 대신 오후 설교를 들으러 예배당에 들어가 앉기 전에 미리 낮잠을 자도록 조언했다. 이 계획이 받아들여졌고 따라서 부시장의 조는 버릇을 맹렬히 지적할 목적으로 준비된 그 다음 설교에서는 졸지 않고 설교를 들었으며, 그가 이례적으로 졸지 않고 그 독설 가득한 설교를 들음으로써 전체 설교 시간이 매우 우스꽝스러운 분위기로 흘러가고 말았다. 설교를 하던 그 불행한 교구 주임사제는 예상 외로 그 뚱뚱한 부시장이 졸지 않자 거의 부시장이 졸던 때만큼이나 화를 내었던 것이다.

앤드루스 박사는 찰스 1세 시대에도 높은 명성을 유지했다. 찰스 1세는 가장 비난받아 마땅한 군주였으며, 그의 결점을 보안할 만한 유일한 장점은 강력하고도 부드러운 가족애였다. 그가 죽을 때 그의 자녀들에게 유언으로 세 사람의 성직자가 저술한 책들을 읽도록 조언했는데, 그중 하나가 앤드루스 박사의 책이었다.

랜슬럿 앤드루스 박사는 1626년 9월 25일 런던 서더크의 윈체스터 하우스에서 61세의 나이로 생을 마감했다. 그는 세인트세이비어 교회에 묻혔는데, 그곳에 훌륭한 기념비가 세워졌다. 그는 독신으로 살았고, 그의 재산을 자선 활동에 쓰도록 유언을 남겼다. 당시 젊은이였던 존 밀턴은 앤드루스 박사가 죽자 그를 극찬하는 라틴어 애가를 썼다.

앤드루스 박사는 당시 설교자로서도 매우 유명했었다. 그는 "설교자들의 별"이라 불렸다. 토머스 풀러는 "앤드루스 박사는 그 설교 방식에 있어서 아무도 흉내 낼 수 없는 훌륭한 설교자이다. 그의 설교 내용을 훔친 표절자들이 있을지라도 그의 설교 자체를 훔칠 수는 없다. 그들이 앤드루스 박사의 설교처럼 설교할 수는 없을 것이기 때문이다. 앤드루스 박사는 무엇이든 자기가 원하는 대로 설교할 수 있었다."고 말했다. 앤드루스 박사 당대의 동료 학자였던 경건하고 친절한 펠턴(Felton) 주교는 앤드루스 박사의 설교 방식을 닮고자 노력했으나 잘 되지 않았다. 그러자 "나는 그의 인위적인 느린 걸음을 흉내 내려다가 내 자신의 타고난 빠른 걸음을 잃을 뻔했다."고 스스로 즐겁게 말하기도 했다. 펠턴 주교의 이 말은 남을 흉내 내고자 하는 모든 사람들, 특히 천재의 특이성을 모방하고자 하는 그러한 사람들에게 하나의 경고가 될 것이다. 또한 설혹 앤드루스 박사의 설교 방식을 성공적으로 모방할 수 있을지라도 그것은 바람직하지 않은 것이다. 왜냐하면 그의 설교에는 그의 시대의 잘못된 기호에 따른 재담, 반전, 익살이 많기 때문이다. "항상 흥미를 불러일으키도록 글을 쓰는 것과 언제나 기쁨을 주는 방식으로 글을 쓰는 것에서 꽤 행복을 느끼는" 작가들은 별로 없다. 견고한 문학적 명성을 쌓기 위해서, 글쓰기의 감각과 분별력은 지식과 사고력만큼이나 필수적인 것이다. 한때 존중받던 앤드루스 박사의 훌륭한 저작들은 도서관의 낮은 선반에서 먼지가 뽀얗게 덮인 채로 잊힌 지 오래되었다.

앤드루스 박사는 매일 개인적인 헌신을 위해 많은 시간을 할애했다. 또 몇몇 사람들은 "앤드루스 박사의 설교를 듣고 하루 일과를 마치고 싶어" 했다. 앤드루스 박사는 루터의 격언인 "잘 기도했다면, 잘 공부한 것이다."라는 말의 진리를 증명한 사람이다. 그가 기록한 개인적인 헌신의 기록들은 모두가 헬라어로 기록되어 있었는데, 번역되어 출판되었다. 이 기도하는 고위 성직자는 개인적으로 기부금을 전달하는 기부 활동도 많이 했다. 그는 이름을 남기지 않고 친구가 보내는 것처럼 기부를 하였다. 그는 가난하고 자격 있는 학자들에게 선물을 주는 일에도 매우 열성적이었다. 그의 개인적인 은사들도 극진히 대우했다. 나이가 지긋해진 멀캐스터(Mulcaster) 교장에게도 항상 주교 식탁 맨 윗자리에 앉도록 배려했다.

덕망 있는 은사가 생을 마치면, 그의 초상화를 주교 서재 문 위에 걸었다. 이러한 행동들은 모두 그들에 대한 존경심을 상징적으로 보여 준 것이었다. 즉 "그 학자가 그러한 위치에 도달했다면, 그 학자를 가르친 사람은 어떠한 인물이었겠는가?"라는 것이었다.

이 훌륭한 교구 주교는 "사람들을 대접하는 데 기꺼이 헌신되어" 있었으며, 특히 말뜻 그대로 나그네들에게 그러하였다. 또한 그는 항상 쾌활했기 때문에, "우리 주교님께서는 일 년 내내 성탄절이셔."라는 말을 듣곤 했다. 그는 파넘 성(Farnham Castle)에서 제임스왕을 대접하기 위해 사흘 동안 3천 파운드를 쓴 적도 있다. 물론 그가 그렇게 한 것이 칭송할 만하다는 것은 아니다. 그러나 많은 사람들이 그의 환대와 존경받는 직위뿐만 아니라 그의 부유함과 유익한 대화로 인한 매력 때문에 그와의 교제를 원했다.

그러나 우리는 성경 번역자로서 앤드루스 박사의 역량이 어떠했는가에 주로 관심이 있다. 그는 늘 "올바르고 경건한 사람"과 "재능 있는 학자"라는 특성을 가지고 있었다. 어떤 유능한 판사는 그에 대해 "학식으로 가득 찬 거대한 만(灣)"이라고 말했다. 또 "세상은 이 사람이 얼마나 학식이 있었는지 알기 위해 학식을 알고자 했다."고 말해지기도 했다. 한 용감한 원로 연대기 작가는 모든 언어, 특히 동양어에서 그의 능력이 너무나 탁월했기 때문에, 바벨에서의 언어 혼란 때에 그가 있었더라면 최고통역사였을 것이라고 말하기도 했다! 로체스터의 주교였던 버커리지(Buckeridge) 박사에 의해 진행된 앤드루스 박사의 장례식 설교에서 버커리지 박사는 앤드루스 박사가 15개의 언어에 능통했었다고 말한 바 있다.

존 오버롤(John Overall)

이 성직자는 킹제임스성경의 위대한 번역자들의 목록에서 소개되는 두 번째 인물이다. 카톨릭이 번역한 성경의 여백 주석에는 킹제임스성경의 번역자들에 대해서 "그들은 지옥의 깊음 속에서 증오를 당하리라!"고 기록되어 있다. 그들이 지옥에서는 증오를 당할 수도 있겠지만, 잠시 후면 어느 곳에서도 그들을 증오하지 않을 것이다. 오버롤은 1559년 해들리에서 태어났으며, 그곳에 있는 무료 학교에서 양육되었다. 그는 옛 잉글랜드의 황금기로 간주되는 행복한 기간 내내 생존했다. 그 기간은 "믿음과 소망이 최고조에 달했던, 위대한 엘리자베스 여왕의 황금기"였다.

그는 적절한 때가 되자 케임브리지 대학교의 세인트존스 대학에 학자로 초빙되었으며, 그 다음에는 케임브리지 대학교의 트리니티 대학 교수로 임용되었다. 1596년에는 '왕이 직접 임명한' 신학 교수가 되었고, 동시에 박사 학위를 받았는데, 이때 그의 나이는 불과 37세였다. 이 뛰어난 신학자에 대하여 해킷(Hacket) 주교가 기록한 바에 의하면, 오버롤 박사는 그의 강의에서 성경의 두세 구절에 관한 주제를 제시하고, 당면한 주제에 대해 어느 수준의 의견이나 해석이 인정될 수 있는지를 보여 주면서 그 주제의 근거를 제시하는 방식을 사용했다고 한다. 그는 교부들의 글을 적절히 인용한 것에 대해 찬사를 받았다. 그는 곧 그의 뜻과 무관하게도 캐서린 홀의 학장이 되었다. 두 명의 학장 후보자 중 하나를 뽑는 어려운 선발 과정의 논쟁이 계속되었는데, 여왕의 절대적인 권한하에 그가 선발되었다. 휘트기프트(Whitgift) 대주교가 새로운 학장이 "그곳의 기뿜"이 되길 원했을 때, 새로운 학장은 그에 대해 라틴어로 "테르미누스 디미누엔스"(terminus diminuens)라고 대답했다. 그 뜻은 "강등" 또는 "언덕 아래로 끌어내리다"라는 뜻이다. 그러나 대주교는 만족하지 못하는 교수에게 옛 시대의 충신의 마음으로 "통치자들이 주는 마음의 상처, 특히나 무례한 말을 감사하게 받아들인다면, 문지기들이 더 큰 호의로 문을 열어 주리라."라고 말했다. 이러한 임명은 당시 오버롤 박사의 뛰어난 학문적 수준을 충분히 증명해 주는 사건이었다. 이러한 승진은 심혈을 기울여 전념하는 학문 연구의 힘에 의해서만 얻어질 수 있는 것이었다. 1601년에 이 천재 학자의 고귀한 친구이자 후원자인 브루크 경(Lord Brooke)의 추천으로 오버롤 박사는 런던의 세인트폴스 대성당의 수석 사제가 되었다. 학문을 좋아하여 깊이 있는 학문에 몰입해 있는 이 은둔자가 타일로 된 설교단에서 자신의 가장 밝은 빛을 비추었을지는 의문이다. 토머스 풀러는 "여왕 앞에서 설교하도록 임명된 후, 오버롤 박사가 당시 가장 친했던 나의 아버지에게 한 말에 의하면, 그는 너무 오랫동안 라틴어를 사용해 왔기 때문에 설교 내내 영어로만 말하는 것이 매우 힘들었다고 한다."라고 말했다. 성공한 정치가인 설리(Sully) 공작이 "유럽에서 가장 학식 있는 바보"라고 말한 제임스 1세가 왕좌에 앉은 직후에, 영국 국교회 성직자 의회가 화해를 이루었다. 오버롤 박사가 영국 국교회 성직자 하원 의회의 의장이었다. 오버롤 박사는 이 하원의회에 한 권의 규범서를 제시했다. 이 책은 현존하는 유일한 그의 친필서이다. 이 규범서의 목적은 정부의 신적 권위를 입증하는 것이었다. 이 규범서가 성직자 의회에 의해 채택되기는 했으나, 당시에 제임스왕은 그 책을 출판하지 못하도록 했다.

왜냐하면 그 책은 '개혁이나 정복 후에 새 정부나 왕조가 견고히 정립되면 그 다음에야 신적 권리를 주장할 수 있으며, 국민들에게 하나님에 대한 의무로서 정부나 왕조에 대한 복종을 주장할 수 있다'고 가르치기 때문이다. 이 "의회 규범서"는 오랫동안 잊혔다가 제임스왕이 죽은 이후에 역사적 명성과 정치적 명성을 어느 정도 얻게 되었는데, 이는 그 책을 금했던 군주가 알아차렸던 바로 그 효과가 나타났기 때문이었다. 즉 제임스 1세의 손자인 제임스 2세가 잉글랜드의 왕좌에서 쫓겨났을 때, 주교들과 성직자들이 윌리엄 1세와 메리 여왕에 대한 신종(臣從)의 서약을 거부했던 것이다. 그러나 셜록(Sherlock) 주교와 다른 많은 성직자들은 처음에는 그 서약을 거부했지만 후에 오버롤 박사의 책을 읽고 그 오류에서 돌이켰음을 선언했다. 오버롤 박사는 성사들과 관련한 질문들과 답변들을 저술한 집필자로서 그러한 문제들에 대해 가장 유능한 전문가들에 의해 찬사를 받았으며, 그의 저술은 제임스 1세의 재임 첫해에 영국 국교회 교리 문답서에 추가되었다.

오버롤 박사가 세인트폴스 대성당의 수석 사제로 있을 때, 그는 가장 명예로운 일로서 성경 번역 위원회의 번역 위원에 임명되었다. 오랫동안 외국어만을 사용해 왔기 때문에 계속해서 영어로 진행되는 위원회 회의에 어려움을 겪었지만, 그렇기에 오히려 성경 언어인 히브리어와 헬라어의 감각에 있어서는 더 잘 적응되어 있었다. 캠던(Camden)은 그를 "경이로운 학자"라 칭했고, 풀러는 "자신의 지식을 향상시키는 뛰어난 두뇌를 가진 사람"이라고 말했다.

존 오버롤(John Overall) 박사는 그의 성(姓)이 '감독의 직위'라는 의미를 가진 바대로, 1614년에 리치필드와 코번트리의 주교(bishop)가 되었다. 4년 후에 노리치로 옮겨가 그곳에서 수개월을 지낸 후 1619년 60세의 나이로 생을 마감했다. 그는 다윗왕의 시편을 자주 암송하곤 했다. 『**주께서 죄악을 책망하심으로 사람을 바로잡으실 때 그의 아름다움을 좀과 같이 소멸케 하시나니 진실로 모든 사람이 헛되나이다. 셀라**』(시 39:11).

그의 노년에 그는 불행히도 알미니안주의의 경향을 띠게 된다. 그는 평소에 포스(Vossius), 흐로트(Grotius) 및 유럽의 유명한 학자들과 편지를 주고받았다. 그는 학자적인 신학 이론에 매우 심취해 있었는데, 그가 심취했던 이론은 오늘날에는 올바르지 않은 것으로 여겨지는 것이다. 베이컨(Bacon)의 시대 이래로 신학자들은 매우 평가절하되어 왔는데, 그 이유는 신학자들의 연구에서 실용적인 결과물이 매우 적었기 때문이다. 물론 신학자들의 논의들을 보건대, 그 예리함과 치밀함에 있어서는 놀라운 점들이 있었다. 그러나 신학자들의 논리적인 정교성이 과도하게 흘러넘쳐, 신학자들의 천재성이라는 흐름들이 깊은 계곡들을 형성할 정도의 영향력을 발휘한 것에는 우리가 긍정적인 미소를 던져 줄 수 있을지라도, 결국 그 계곡들은 형이상학이라는 건조한 사막에 흡수되어 버리고 말았다. 그들 중에서 한 사람만이 카르다노(Cardano)에 의해 높은 찬사를 받았다. “그가 논의한 것들 중에서 한 가지는 모든 후대 사람들을 당황하게 할만했다. 그가 나이 들어 자신이 저술한 책을 읽고서 자기 자신도 이해할 수 없어서 울었을 정도였기 때문이다.” 그러나 우리는 정확한 정의와 더 나은 사고의 틀에 관한 한, 신학자들의 정교성이 킹제임스성경 번역자들의 매우 귀중한 특성이었다고 생각해야 할 것이다.

하드리안 사라비아(Hadrian Saravia)

이 유명한 학자는 벨기에 태생이다. 아버지는 에스파냐인이었고, 어머니는 벨기에인이었으며, 둘 다 프로테스탄트였다. 사라비아는 1530년에 아르투아의 헤딘에서 태어났다. 그의 어린 시절에 관해서는 알려진 바가 없다. 그는 수년간 플랑드르와 홀란드에서 목사로 사역했다. 그는 자신의 원칙을 고수한 고위 성직자였으며, '주교권 신수설'에 대한 열정으로 인해 1566년 목사로 일하고 있던 벨기에 겐트 지방의 동료 성직자들 및 행정관들과 마찰을 빚었다. 그는 겐트에서 목사직을 사임한 후 영국으로 건너왔다. 엘리자베스 여왕 자문 위원회에 의해 건지(Guernsey) 섬과 저지(Jersey) 섬에 선교사로 파견되었는데, 그곳에 간 첫 프로테스탄트 사역자들 중의 한 사람이었다. 한 편지에서 스스로 말한 바에 의하면, 그는 "사역을 어떻게 시작해야 하는지와 어떻게 하면 하나님의 말씀이 전파되어 그곳에 심겨질 수 있는지를 알고 있었다." 그는 그곳에서 복음 전파자로 사역하면서 동시에 엘리자베스 대학이라 불린 새로 설립된 학교를 지휘함으로써 두 배의 능력을 발휘했다.

1577년 사라비아는 벨기에의 교회들로부터 초대를 받아 대륙으로 돌아가게 되었다. 1582년에는 네덜란드 라이덴 대학교의 신학 교수로 초빙되었고, 곧 그 도시의 프랑스인 교회의 설교자가 되었다. 1587년에는 레스터의 백작과 함께 다시 영국으로 돌아와 사우샘프턴의 문법학교의 교장이 되었다. 이곳에서 그는 뛰어난 학생들을 많이 배출하였다.

사라비아 박사는 주교 제도에 대한 열정으로 베자(Beza), 다내우스

(Danaeus), 장로교주의자들에 대항하여 몇 권의 라틴어 논문을 출판하였다. 그는 예수회 수사인 그레처(Gretser)에 맞서 교황의 지상권(至上權)을 주제로 한 논문도 출판하였다. 그의 모든 출판물은 이러한 주제들과 관련 있으며, 1611년에 모두 모아져 2절판의 책으로 출판되었다. 그의 논문들은 모두 오늘날에도 "옥스퍼드 신학자들"에 의해 높은 찬사를 받고 있다. 매컬리(Macauly)는 이들에 대하여 다음과 같이 말한 바 있다. "대영제국의 모든 사람들 중에서 시대를 뛰어넘어 가장 영광스런 존재들은 일찍이 영국이 부여받은 바로 이 학자들이며, 여전히 잊히지 않고 있다."

1590년 사라비아는 옥스퍼드 대학교에서 신학 박사 학위를 받았으며, 라이덴(Leyden) 대학에서는 이보다 훨씬 전에 신학 박사 학위를 받았었다. 그는 1595년에 캔터베리 옆 글로스터(Gloucester)의 수급(受給) 사제가 되었으며, 1601년에는 웨스트민스터 대성당의 수급 사제가 되었다. 이 마지막 직위가 그가 임명된 최고의 직위였다. 약 8년 후에는 켄트에 있는 그레이트차트의 교구 사제를 겸임하였다. 그는 1612년 1월 15일에 82세의 나이로 캔터베리에서 생을 마감했다. 파란만장한 그의 생애는 조용한 노년과 평화로운 죽음으로 마감된 것이다.

앤서니 우드(Anthony Wood)는 사라비아에 관하여 다음과 같이 말했다. "그는 젊은 시절에 모든 종류의 문학, 특히 여러 종류의 언어를 배웠다." 사라비아는 영향력 있는 인물들을 친구와 후원자로 두었다. 청교도 신앙에 대해 단호한 반대자였던 휘트기프트 대주교는 그를 높이 평가했으며, 당시에 논쟁 중이던 문제들에 대해 자신의 역할을 담당하는 데 있어서 그의 도움을 많이 받았다. 특히 휘트기프트 대주교는 그의 적수였던 확고한 청교도 휴 브로턴(Hugh Broughton)과의 논쟁에서 사라비아 박사의 "히브리어 실력"에 크게 의존했다. 휴 브로튼은 라이트푸트(Lightfoot)가 "살렘어와 아테네어에 있어서 보기 드문 실력을 갖춘 것과 모든 랍비들의 가르침에 정통한 것에 대해 여러 나라에 명성을 떨친, 위대한 알비온 성직자"라 칭한 인물이었다. 따라서 웨스트민스터 대성당의 수급 사제인 사라비아 박사는 만만찮은 적들과 논쟁하는 데 익숙했으며, 의심할 바 없이 성경 번역자로서 필요한 지식을 철저히 갖추고 있었던 것이다.

사라비아 박사가 캔터베리의 수급 사제로 있었을 때, 그 유명한 리처드 후커(Richard Hooker)가 본(Borne) 지방의 교구 사제로 있었는데, 두 지역은 3마일 거리였다. 이 두 인물 사이에 우정이 생겨났고, 두 사람의 관점과 학문이 일치함으로써 그 우정이 굳건해졌다. 케블(Keble) 교수는 후커가 〈교회 조직의 법률들에 관하여〉라는 기념비적인 책을 준비하고 있을 때 "사라비아 박사는 후커가 매우 신임하는 조언자였다."고 언급한 바 있다. 연로한 아이작 월턴(Izaak Walton)은 이 두 사람의 '그리스도인으로서의 친밀함'을 다음과 같이 아름답게 묘사한 적이 있다. "이 두 사람의 뛰어난 인물들은 거룩한 우정을 꽃피우기 시작하였으며, 상호간에 매우 고상한 애정이 매일 자라나서, 두 사람의 의지는 마치 오로지 하나인 것처럼 똑같아 보였다. 또한 하나님의 영광과 교회의 화평을 위한 그들의 계획에 있어서도 그들은 여전히 서로의 덕망을 돕고 향상시켰으며, 화평한 경건함으로부터 오는 평안함을 소망하였다."

리처드 클라크(Richard Clarke)

클라크 박사는 케임브리지 대학교의 크라이스트 대학 연구원이었으며, 매우 학식 있는 성직자였고, 뛰어난 설교자였다. 그는 태닛(Thanet) 지역의 민스터(Minster)와 몽크턴(Monkton)의 교구 사제였으며, 캔터베리 대성당의 여섯 설교자 중 한 사람이었다. 클라크 박사는 1634년에 생을 마감했다.

그가 죽고서 3년 뒤 2절판 크기로 그의 학식 넘치는 설교문들이 출판되었다. 그러나 그의 "책"과 "설교문들"은 오늘날까지 전해지지 못했다. 왜냐하면 사람들은 이렇게 소중한 것이 주어져도, 로버트 홀(Robert Hall)이 질(Gill) 박사의 두꺼운 주석서를 쳐다보며 말했던 것처럼, "오, 너무 시시한 것이로구나!"라고 외치며 아무 데나 던져 놓는 경향이 있기 때문이다.

존 레이필드(John Laifield)

레이필드 박사는 케임브리지 대학교의 트리니티 대학 연구원이었으며, 런던의 세인트클레멘트와 데인 교회의 교구 사제였다. 그에 관해서는 "건축에 조예가 깊었으며, 성막과 성전의 구조에 대해서는 그의 판단에 크게 의존했다"고 기록되어 있다. 레이필드 박사는 1617년에 그의 교구에서 생을 마감했다.

그는 건축 전문가가 아닌 독자가 잘 이해할 수 있을 정도로 건축의 세부사항을 잘 설명함으로써 이해하기 어려운 것이 거의 없게 하였다.

로버트 타이(Robert Tighe)

이 번역자의 이름은 번역자에 관한 모든 인쇄물에서 레이(Leigh)로 잘못 인쇄되어 있다. 당시의 철자로는 테이(Teigh) 또는 타이(Tjghe)이어야만 한다. 타이 박사는 링컨셔의 디핑(Deeping)에서 태어났으며, 옥스퍼드 대학교와 케임브리지 대학교에서 교육받았다. 그는 미들섹스의 부감독이었고, 런던 바킹 지역 올핼로우즈의 교회에서 교구 사제였다.

그의 특성은 "뛰어난 문장 분석가였고, 심오한 언어학자"였다는 점에 있다. 타이 박사는 1620년에 생을 마감했으며, 그의 아들에게 1년에 1,000파운드씩 주도록 유산을 남겼다. 성직자에게는 매우 드문 일이기 때문에 여기에 기록해 두고자 한다.

프랜시스 벌레이(Francis Burleigh)

이 번역자의 이름은 벌레이(Burleigh) 또는 벌리(Burghley)로 표기된다. 그는 1590년에 비숍스스토트포드의 교구 사제가 되었다. 이 직위는 그가 성경 번역이라는 중요한 사역에 임명될 때 맡고 있던 직위였다.

제프리 킹(Geoffry King)

제프리 킹은 케임브리지 대학교의 킹스 대학 연구원이었다. 킹제임스성경 번역자들 중의 하나였던 케임브리지 대학교의 '왕이 직접 임명한' 히브리어 교수인 스폴딩(Spaulding)의 후임이라는 사실이 이 번역자가 킹제임스성경 번역에 적합한 인물이라는 분명한 단서가 된다. 당시에는 어떤 임무에 사람을 임명할 때, 임명될 당사자가 그 직무에 자격이 있는지 스스로 판단하도록 허용하지 않았었다.*

*[고인이 된 스튜어트(Stuart) 교수는 앤도버에서 히브리어 교수로 임명될 때, 그가 히브리어에 대해서 아는 것이라곤 "아시라이"가 "복 있는"이라는 것과 "하이시"가 "사람"이라는 것밖에는 몰랐었다고 익살스럽게 말하곤 했다! 시편 1:1.]

리처드 톰프슨(Richard Thompson)

리처드 톰프슨은 성경 번역자로 임명될 당시 케임브리지 대학교 클레어 홀의 연구원이었다. 우드(Wood)에 따르면, 그는 "영국인 부모에게서 태어난 독일인"이었다. 장로교 성직자들은 그를 "알미니안주의 전파의 거장"이라고 불렀다. 콜리지(Coleridge)도 알미니안주의 고위 성직자들에 대하여 진심으로 말하기를 "그들은 이미 확증되었다고 말할 수 있는 모든 교리들의 계시를 무너뜨렸다."고 했다. 알미니안주의자들이 늘 확신하는 바와 같이, 만약 "죄가 가장 큰 이단이라면," 톰프슨에게 귀속되는 더 심각한 과실은 그가 말년에 무절제했다는 것이다. 문학적인 자격에 관해서는 리처드 몬태그(Richard Montague)가 그에 대해 "영국에서보다 이탈리아, 프랑스, 독일에서 더 유명했던 매우 존경할 만한 어문학자"라고 기술한 바 있다.

윌리엄 베드웰(William Bedwell)

윌리엄 베드웰은 케임브리지 대학교의 세인트존스 대학에서 교육을 받았다. 그는 런던 근교의 토텐리엄하이 크로스의 교구 사제였다. 그는 1632년 5월 5일에 자신의 교구에서 생을 마감했다. 그는 "뛰어난 동양어학자"라는 올바른 평가를 받았다.*

*(그의 묘비명에 "동양어에 관한 한, 이 시대에 가장 뛰어난 학자"라고 기록되어 있다.)

그는 1612년에 앤트워프에서 라펠렌지우스의 인쇄소를 통해 라틴어와 아랍어로 된 4절판짜리 요한복음을 출판했다. 그는 또 케임브리지 대학교에 아랍어로 직접 쓴 많은 글들을 남겼는데, 그것을 인쇄하기 위한 활자의 글꼴도 남겼다. 아랍어에 대한 그의 명성은 너무나 대단해서, 유명한 동양어학자인 에르페니우스(Erpenius)가 1606년 영국에 거주하고 있었을 때 자신의 연구에 대해 베드웰에게 신세를 많이 지기도 했다. 유럽에서 아랍어와 아랍 문학을 괄목할 만하게 증진시키고 부활시킨 최상의 공로자는 일반적으로 그 명성을 누렸던 에르페니우스가 아니라 베드웰이다. 그는 잘 알려진 또 한 사람의 동양어학자인 포콕(Pococke) 박사의 개인 교수였다. 베드웰은 오랫동안 3권짜리 아랍어 사전을 준비하던 중, 조셉 스캘리거(Joseph Scaliger)의 아랍어 관련 소장품들을 확인하기 위해 네덜란드에 갔는데, 가능한 한 완벽하게 집필하려는 마음에 사전의 완성이 지체되었다. 그 사이에 골리우스(Golius)가 그를 따라잡아 비슷한 사전을 먼저 출판함으로써, 그가 준비한 아랍어 사전은 출판되지 못하고 말았다.

베드웰 사후에 케임브리지 대학교가 베드웰이 직접 손으로 기록된 방대한 양의 사전을 빌려서 캐스텔(Castell) 박사의 거대한 작업인 7개 국어 사전의 편집을 돕는 데 사용했다. 일부 현대 학자들은 제임스왕 시대의 번역자들은 시대를 넘어 우리의 시대에도 도움을 주고 있다고 생각한다. 당시의 학자들이 현대의 학자들보다 "동족어" 또는 "셈어"라 불리는 언어들, 특히 히브리어 단어와 구문에 많은 영향을 미쳤을 아랍어에 더 많이 집중할 수 있었다는 이유에서이다. 어쨌든 베드웰과 동료 번역자들이 신성한 원전 연구라는 광대한 영역에 있어서 완전히 정통했었다는 것은 분명한 사실이다.

베드웰은 페르시아어 사전도 준비했었다. 이것은 로드(Laud) 대주교의 기록들 중에 있으며, 옥스퍼드 대학교의 보들레이언 도서관에 소장되어 있다. 그는 1615년에 〈마호메트와 코란의 속임수에 대한 발견, A Discovery of the Impostures of Mahomet and of the Koran〉이라는 책을 출판하고, 이어서 〈아라비아 통역원, Arabian Trudgeman〉이라는 책을 출판한다. Trudgeman 또는 truchman은 Dragoman(아라비아, 터키 등의 직업적인 통역안내원 - 역자 주)의 옛 형태로, 통역자(interpreter)를 의미하는 칼데아어에서 유래했다. 이 〈아라비아 통역원〉은 동양어의 어원과 역사에 대해 매우 흥미롭게 묘사한 책이다.

베드웰은 수학 연구를 좋아했다. 그는 기하학 계산에 사용할 목적으로 자를 발명했다. 건터(Gunter)가 발명한 저울을 "건터의 저울"이라 부르는 것처럼, 이 자도 "베드웰의 자"라 불렸다.

여기까지가 킹제임스성경을 번역한 웨스트민스터 대성당 첫 번째 번역조의 번역자 열 명에 관한 내용이다. 이들에게는 "창세기"에서 "열왕기하"까지의 역사를 다룬 성경들이 맡겨졌다. "열왕기하"는 이전에는 "왕들에 관한 네 번째 책"(The Fourth Book of the Kings)이라 불렸고, 이 명칭은 지금도 사용된다.

두 번째 번역조

제임스왕의 두 번째 번역조는 케임브리지 대학교에서 그 모임을 가졌다. 이 학식 있는 번역조에게는 "역대기상"에서 "솔로몬의 노래"까지가 할당되었다. 이 부분을 맡은 여덟 명의 번역자들 또한 그들의 동료들에 비해서 전혀 뒤떨어지지 않았고, 성경 번역이라는 위대한 작업을 수행하는 데 적합한 역량을 갖춘 번역자들이었다.

에드워드 라이블리(Edward Lively)

에드워드 라이블리는 "세계에서 가장 뛰어난 언어학자 중의 하나"라고 찬사를 받는 인물이다. 그는 케임브리지 대학교의 트리니티 대학 학생이었다가 연구원이 되었으며, 나중에는 '왕이 직접 임명한' 히브리어 교수가 되었다.

그는 실제로 성경 번역 준비 위원회에 선발되었으며, 왕이 확신을 가지고 높이 평가한 인물인 듯하다. 성경 번역이 동양 언어에 있어서 그의 탁월한 실력에 많이 의존될 예정이었으나, 1605년 5월에 그가 사망함으로써 그 모든 기대가 어긋나고 말았으며, 성경 번역이 상당히 지체되었다고 한다. 몇몇 사람은 그의 죽음이 성경 번역 준비에 과도하게 몰입함으로써 일어난 일이라고 말하기도 한다. 그의 봉급은 너무 적었고, 여러 가지 어려움을 겪은 후에 많은 가족의 어머니였던 그의 아내를 잃었으나,

발로우(Barlow) 박사의 도움으로 이 위대한 번역 작업에 자신을 헌신할 수 있었다. 그는 편도선염에 걸려 나흘간 앓다가 열한 명의 아이들을 남겨 두고 생을 마감했다. "그 아이들은 생계유지를 위한 생필품이 부족했지만, 하나님과 또 좋은 친구들 같은 이들이 그것을 제공했다." 그는 소선지서 중 다섯 권의 라틴어 해설서의 저자이며, 연대기에 관한 책의 저자이기도 하다. 옥스퍼드 대학교의 퍼시(Pusey) 박사는 "포콕(Po- cocke)은 라이블리에 대해 얘기할 때마다 그에 대한 존경심을 드러냈다. 라이블리는 영국 히브리어 학자들 중에서 아마도 포콕 다음으로 위대한 인물일 것이다."라고 말했다.

존 리처드슨(John Richardson)

이 심오한 성직자는 케임브리지셔의 린턴(Linton)에서 태어났다. 그는 케임브리지 대학교의 이매뉴얼 대학 연구원이었고, 1608년에서 1615년까지는 케임브리지 대학교 피터 하우스의 학장이었다. 그 후 케임브리지 대학교의 트리니티 대학 학장을 지냈다. 리처드슨도 '왕이 직접 임명한' 신학 교수였다. 그는 1617년과 1618년 두 차례에 걸쳐 케임브리지 대학교의 부총장에 선발되었다. 1625년에 생을 마감했으며, 트리니티 대학 예배당에 묻혔다. 그는 피터 하우스에 100파운드의 유산을 남겼다.

그는 모든 선한 신학자들이 따라야 할 만큼 "매우 뛰어난 언어학자"로서 주목받았다. 콜리지는 "언어란 인간의 마음속에 있는 무기고이다. 일단 과거라는 전리품을 품으면, 미래라는 무기를 정복한다."라고 말했다.

그 당시 학문을 논하는 자리에서는 가장 유능한 사람이 라틴어로 공개적인 논의를 진행했다. 논의자들은 자신의 주장을 드러내기 위해 논리라는 무기와 "변증법적인 답변"을 이용하였다. 중세의 기사들이 마상 창 시합에서 달리며 자신의 기량과 힘을 드러내는 것을 즐길 때 우호적으로 서로의 창을 꺾은 것처럼, 유능한 학자들도 공개적인 논의의 장에서 문학적인 "숙련"을 위해 서로 맞서며 경쟁하곤 하였다. 이러한 학자적인 시합은 국왕이나 국가의 유력자가 학자들의 연구 기관에 방문했을 때 이루어졌으며, 언제나 라틴어로 이루어졌던 이 논리적인 대결은 로마 시대 검투사들의 싸움이 매우 큰 관심을 끌었던 것만큼이나 주목을 받았다.

한번은 제임스 1세가 케임브리지 대학교에 방문했을 때, 왕에게 즐거움을 주기 위해 "신학을 주제로 한 특별한 논의"가 열렸다. 당시 유명한 학자이자 나중에 솔즈베리의 주교가 된 존 대버넌트(John Davenant) 박사가 "답변자"가 되었다. 답변자의 임무는 답변자가 옹호해야 하는 논제, 즉 왕은 파문당할 수 없다는 주장에 대해 반박하려는 모든 도전자와 논쟁을 하는 것이었다. 대버넌트 박사는 이 논리의 전쟁을 잘 수행해 나가고 있었다. 그런데 리처드슨 박사가 밀라노의 주교였던 암브로시우스(Ambrose)의 예를 들며 대버넌트 박사에게 압박을 가했다. 암브로시우스는 기독교계에서 존중하는 인물이었지만, 그가 생존했던 당시 로마제국의 황제였던 테오도시우스 대제를 파문했었다. 여기서 관람자로 있던 제임스왕은 자신의 옹호자 대버넌트 박사가 멋진 반격에 휘청거리는 것을 보고, 자신의 옹호자를 구해 주기 위해 큰 목소리로 "확실히 그 일은 암브로시우스가 매우 오만하게 행동한 것이었도다."라고 외쳤다. 이에 리처드슨 박사는 "알렉산더 대제와 같은 진정한 국왕의 행동이옵니다! 논쟁의 얽힌 매듭을 푸는 대신 과감히 자르셨기 때문입니다."라고 답변한다. 그러자 제임스왕은 자리에 앉아 논의를 멈추게 했다. 리처드슨 박사의 이러한 항변은 그의 개인적인 독자성과 왕에 대한 복종심이 유쾌하게 결합된 것으로서 그가 온화한 품위를 가진 사람이었음을 알 수 있게 한다. 이 사건은 이 사건이 우리가 리처드슨 박사의 개인적인 성품에 관해 알 수 있는 유일한 일화라는 것을 유감스럽게 생각하게 할 만큼 그의 특성을 잘 보여 준다. 이로써 우리는 리처드슨 박사가 학식 있는 사람이었을 뿐 아니라, 현명하고 신실한 성경 번역자였다는 사실을 확신할 수 있다.

로렌스 채더턴(Lawrence Chaderton)

이 성직자는 확고한 청교도로서 용기 있고, 경건했으며, 학식 있고, 성실했을 뿐 아니라, 온유하면서도 옛 영국인의 불굴의 정신을 가진 사람이었다. 그는 1537년 랭커셔의 채더턴에서 태어났다. 그의 가족은 부유했으나 철저한 카톨릭이었으며, 그는 그러한 종교적 분위기에서 조심스럽게 양육되었다. 그는 법관을 목표로 런던의 법학 회관에 보내졌으며, 수년간 법학을 배웠다. 이곳에서 그는 프로테스탄트가 되었고, 법학을 배우기 위해 케임브리지 대학교의 크라이스트 대학 학생이 되었다. 이보다 더 높은 영적 수준으로 표현하건대, 신학을 배우는 모든 학생들이 예수 그리스도 바로 그분의 대학에서 양육되고, 위대한 교사이신 예수 그리스도께 직접 그들의 학문을 배울 수 있다면 얼마나 좋겠는가!

이러한 변화가 1564년에 일어났다. 채더턴은 그의 아버지에게 약간의 금전적인 도움을 요청했으나, 화가 난 아버지는 "동전 한 닢을 넣은 구걸 주머니를 보내면서 구걸하며 살게" 했으며, 자기 아들의 상속권을 박탈해 버렸다. 아들인 채더턴은 구걸 주머니를 사용할 의향이 전혀 없었다. 그의 고귀한 성품과 학자 정신으로 인해 많은 사람들이 그에게 호의를 베풀었다. 그의 마음은 구세주의 약속에 의해 지탱되었다. 그는 자신의 구주를 위해 "모든 상실을 인내로 견뎠다." 그는 1567년에 학사 학위를 받았으며, 크라이스트 대학의 연구원으로 선발되었다. 1571년에는 인문학 석사 학위를 받았으며, 1584년에는 신학으로 학사 학위를 받았다. 그리고는 1613년이 되어서야 신학 박사 학위를 받았는데, 그것도 당시에 제임스왕의 딸인 엘리자베스와 결혼한 라인 지역의 영주 프레드릭(Frederick)이 케임브리지 대학교에 방문하여 신학 박사 학위를 받도록 공식적으로 강권했기 때문이었다. 풀러는 이 문제에 대해 언급하면서 다음과 같이 썼다. "사람들이 코카서스산에 관해 말하는 것, 즉 '코카서스산을 보면 항상 꼭대기가 눈에 덮여 있다'는 말은 이 신학자를 두고 하는 말이다. 우리 아버지 세대에는 흰머리가 되기 전에는 누구도 대학교에 들어가지 못했다."

채더턴은 라틴어, 헬라어, 히브리어를 스스로 공부하여 실력자가 되었다. 게다가 랍비들의 수많은 저작을 성실히 연구하여, 성경을 이해하는

데 필요한 모든 내용을 알고 있었던 것 같다. 이것은 히브리어 성경인 〈비블리아 봄베르기, Biblia Bombergi〉[1518년 베니스에서 봄베르그(Bomberg)에 의해 출판된 히브리어 성경]에 직접 손으로 써서 첨부한 그의 주석을 볼 때 확실하다. 그가 직접 손으로 주석을 단 〈비블리아 봄베르기〉가 이매뉴얼 대학 도서관에 지금도 보존되어 있다. 그의 실력은 성경 번역에 있어서 중요한 부분을 담당할 만한 자격자임을 보증할 만큼 충분히 뛰어났다. 1576년 마거릿 홀의 신학 교수인 배런(Baron) 박사와 알미니안주의의 의미에 대하여 공개적인 논의를 열었다. 이 논의에서 채더턴 박사는 그의 학식과 논리적인 능력과 논의 진행의 침착성 측면에서 최고의 평가를 받았다.

그는 16년간 케임브리지 대학교의 세인트클레멘츠 교회에서 설교했으며, 그의 설교는 매우 복된 설교였다. 1578년에 런던의 폴스크로스 교회에서 설교를 했는데, 이 설교문이 그의 설교문 중에서 우리가 볼 수 있는 유일한 인쇄물이다. 이 시기에 그는 의회의 명령으로 미들템플 법학원의 설교자가 되었다. 미들템플 법학원의 설교자는 넉넉한 보수를 받는 자리였다. 의회는 아마도 법률가들이 직업적으로 저지를 수 있는 죄들을 잘 아는 사람인 채더턴 박사의 설교를 듣는 것이 법률가들에게 가장 좋을 것이라고 생각했던 것 같다.

1584년 엘리자베스 여왕 시절의 유명한 정치인인 월터 마일드메이 경(Sir Walter Mildmay)이 케임브리지 대학교에 이매뉴얼 대학을 설립했는데, 월터 경은 매우 강력한 국교회 지지자로는 여겨지지 않았다. 그래서 엘리자베스 여왕은 월터 경을 "청교도 신앙의 기초를 세운" 사람이라고 비난하기도 했다. 이에 대하여 월터 경은 "저는 상수리나무가 될 도토리를 심었으며, 그 도토리가 나중에 무엇이 될지는 오직 하나님께서만이 아십니다."라고 답변했다. 진실로 하나님께서는 이매뉴얼 대학을 기뻐하셨다. 이매뉴얼 대학은 많은 청교도 "용사들"을 낳았으며, 건전하고 본질적이며 영적인 경건함을 풍성히 공급해 주었다. 이러한 경건함은 모든 미신적 행위들과 형식주의와는 크게 대조를 이루는 것이다. 이매뉴얼 대학 예배당은 설립자의 지시에 따라 교회법을 따르지 않고 남북 방향으로 지어졌다. 거의 100년 후에 교회법을 따르지 않은 이 건물은 괴팍한 고위 성직자들에 의해 철거되고, "교회 건물의 방향"에 대한 근엄한 교리에 맞추어 거룩한 방향인 동서 방향으로 다시 지어졌다. 아마도 청교도 신앙의 영향력을 제지하는 데는 예배당을 무너뜨리고 반쯤 돌려놓는 것보다 더 좋은 방법이 없었을 것이다.

그러나 오랫동안 이매뉴얼 대학을 특징지어 온 종교적 독특성은 예배당이 세워진 방향이라기보다는 초대 학장의 영향력이었을 것이다. 월터 마일드메이 경은 이토록 중요한 직위에 채더턴 박사를 임명했던 것이다. 채더턴 박사는 겸손한 사람으로서 이러한 직위에 임명되는 것을 단호히 거절했으나, 월터 경은 채더턴 박사에게 허심탄회하게 "만약 박사가 학장이 되지 않겠다면, 나도 설립자가 되지 않겠소."라고 말함으로써, 채더턴 박사로 하여금 학장직을 받아들이게 만들었다. 그 후 38년간 채더턴 박사는 이매뉴얼 대학을 열정과 근면과 명성으로 가득 채웠다. 그의 노력을 통해서 이매뉴얼 대학에 들어온 기부금은 크게 늘었으며, 이 대학은 탁월하고 유능한 인재들을 양육하는 어머니의 역할을 담당하게 되었다.

채더턴 박사는 1603년 햄프턴 궁전 회의에서 제임스왕이 청교도들의 이익을 대변할 "불평 세력들 중에서 가장 중요하고, 학식 있고, 겸손한" 4명의 대표자를 선정했을 때 지명되었던 인물이었다. 그러나 채더턴 박사는 그 회의가 청교도들에게 더 큰 모욕을 줄 기회를 왕에게 선사하기 위해서 만들어진 연극이라는 사실을 알고 있었기에 그 회의에서 어느 쪽 편도 들지 않았다. 왜냐하면 청교도들의 권익과 독재 권력에 대한 비참한 복종이 어차피 공존할 수 없는 것이었기 때문이다. 영국 국교회의 견고한 지지자였던 콜리지(Coleridge)도 역사의 진실을 결코 모르지 않았기 때문에, 햄프턴 궁전 회의에 대해 다음과 같이 피력했다. "만약 엘리자베스 여왕 통치 기간의 교회 역사와 엘리자베스 여왕의 편협한 계승자 앞에서 이루어진 이 궁전 회의에 관한 기록을 나처럼 주의 깊게 읽어 본 어떤 사람이, 이 두 왕의 통치 기간의 권력자였던 휘트기프트(Whitgift)와 밴크로프트(Bancroft), 그리고 메리 여왕 통치 기간의 권력자였던 보너(Bonner)와 가디너(Gardiner), 이렇게 두 부류 사이의 본질적인 차이를 나에게 알려 줄 수 있다면, 나는 그것을 알려 준 그 사람에게 진심으로 감사할 것이며, 그 사람을 보내 주신 것에 대해 하나님께 기도로 감사할 것이다. 내가 아는 유일한 차이점은, 신약성경이 자기들의 법이며 인도자라고 고백하고도 모든 교회와 개인의 오류를 신조로 만들었다는 점에서 볼 때, 휘트기프트와 밴크로프트가 카톨릭 박해자들인 보너와 가디너보다 일관성이 더 적었고 그래서 더 용서받기 힘든 자들이라는 것이다."

채더턴 박사가 성경 번역에 임명된 것은 이매뉴얼 대학의 학장으로 있던 시절이었다. 성경 번역은 그에게 매우 적합한 일이었고, 이 일에서 그는 그의 역할을 잘 담당했다. "그는 학자였고, 원숙하고 선한 사람이었다." 70세에 이르렀을 때 그의 지식은 완전히 무르익은 단계에 있었고, 인생 경험에 있어서도 충분한 분별력을 갖춘 상태였다. 그러나 "체력은 쇠약하지 않았고," 그의 학문적 역량은 시들지 않는 불처럼 타올랐다. 연로한 나이에도 불구하고 "그의 눈은 침침해지지 않았고" 그의 시력은 여전히 좋았다.

많은 해가 흐른 뒤인 1622년, 85세의 나이로 성직자들의 노장이었던 채더턴 박사는 그토록 오랫동안 유지했던 그의 직위를 사임했다. 쇠약으로 인해 자신의 직무를 수행할 역량이 없어서가 아니라 다른 두 가지 이유 때문이었다. 하나는 알미니안주의의 급속한 전파 때문이었고, 다른 하나는 후임을 미리 정하지 않고 자신이 갑자기 죽어서 하던 직무가 남아 있으면 왕실의 개입으로 느슨한 성직자가 기회를 잡아 학장의 자리에 임명되지 않을까 하는 두려움 때문이었다. 채더턴 박사의 직무는 매우 세심하게 관리되어야 했기 때문에 후계자로 그야말로 청교도들의 대변자인 프레스턴(Preston) 박사가 임명되었다. 그러나 건강한 채더턴 박사는 프레스턴 박사보다 오래 살았고, 다음 후계자인 샌크로프트(Sancroft) 박사와 그 다음 후계자 홀즈워스(Holdsworth) 박사가 임명되는 것까지 보았다. 홀즈워스 박사는 학장 재임 기간 중에 채더턴 박사의 장례식에서 설교를 했다. 홀즈워스 박사는 채더턴 박사에게 자신이 이매뉴엘 대학의 학장으로 임명되긴 했지만 채더턴 박사가 살아 있는 한 채더턴 박사가 이매뉴얼 대학의 주인이어야 한다고 말하곤 했다. 원로인 채더턴 박사는 항상 이매뉴얼 대학의 일들에 대한 상담자였다.

가장 오랜 삶과 유용한 삶이라도 끝은 있기 마련이다. 채더턴 박사가 생을 마감한 시기와 장소에 대해서는 다양한 설명이 있어 왔으나, 모든 억측은 그의 라틴어 묘비명에 적힌 내용으로 바로잡혔다. 그의 기념비가 이매뉴얼 대학 예배당 입구에서 발견되었기 때문이다. 그 기념비의 내용은 다음과 같다.

여기에
이 대학의 초대 학장이었던
로렌스 채더턴 신학 박사의
몸이 누워 있다.
그는 1640년
103세의 나이로
그의 생을 마감했다.

아마도 이렇게 오래 사는 일이 당시에는 지금보다 흔했던 모양이다. 기록에 의하면, "한번은 장수촌인 히어포드셔의 열 노인이 제임스왕 앞에서 춤을 추었는데, 그 열 노인의 나이를 합하면 1,000살이 넘었다"고 한다. 이 열 노인은 그들의 들썩이는 뒤꿈치의 경박함으로 존중을 받았을지 모르지만, 동시대 사람인 채더턴 박사는 흰머리의 무게로 그들보다 더 큰 존경을 받았다.

채더턴 박사는 대단한 존중을 받았다. 그의 모든 생활 습관은 확신에 찬 경건함이었다. 53년간의 결혼생활 동안 그는 하인들이 음식 준비나 다른 집안일로 주일 예배에 가지 못하게 한 적이 없었다. 그는 "나는 우리 집안의 하인들이 나만큼이나 주님에 대해 잘 알게 하고 싶다."라고 말하곤 했다. 이러한 점이 그가 크게 존경받는 이유이다. 그러나 주일에 대한 그의 배려가 오늘날처럼 부패한 시대에는 비웃음거리가 될 수도 있을 것이다.

에처드(Echard) 부주교는 채더턴 박사에 대해 "신중하고, 경건하고, 뛰어난 설교자"라고 기술한 바 있다. 강단에서 보여 준 그의 능력에 대한 한 예로, 지난 100년간 지구상 어느 곳에서도 일어날 수 없었던 한 사건을 여기에 기록함으로써 채더턴 박사의 간략한 일대기를 마감할까 한다. 그가 높은 직위에 있었을 때, 한번은 친구들을 만나러 랭커셔 지역에 갔는데, 설교를 하도록 초빙을 받았다. 두 시간 동안 그의 청중들에게 설교를 한 그는 설교를 멈추고서 "더 이상은 여러분이 인내심을 발휘하도록 폐를 끼쳐서는 안 되겠습니다."라고 말했다. 그러자 놀라운 일이 일어났다. 모든 청중이 한 목소리로 "계속 설교해 주세요. 계속 설교해 주세요!"라고 외쳤다. 이러한 요청에 따라서 채더턴 박사는 훨씬 더 길게 설교했고, 그들은 큰 만족과 기쁨을 얻었다. 콜리지는 "아이작 월턴(Izaak Walton)과 그 동시대 사람들의 전기를 읽은 후에, 나는 큰 관심을 가지고 두 시간 길이의 설교에 나아왔던 회중들에 대해 생각해 본다. 그리고는 현재의 회중들을 바라볼 때, 많은 사람들의 마음속에서 도덕적으로나 지적으로 진정한 진전이 이루어져 왔는지 의심하게 된다. 한 시대의 설교들 속에 존재했던 논조와 주제와 예상된 공감은 그 시대의 특성을 드러내는 최상의 도덕적 기준을 형성하고 있는 것이다."라고 말했다. 이러한 사실과 관련하여 우리는 "앞 시대가 이 시대보다 나았던 이유가 무엇일까?"라는 질문을 던질 만큼 무지해서는 안 되겠다. 현재의 사람들도 현재 그들에게 선포되는 설교를 듣는 것을 좋아한다. 그러나 킹제임스성경을 우리에게 선사한 번역자들과 같은 사람들을 어디서 다시 찾아볼 수 있겠는가?

프랜시스 딜링햄(Francis Dillingham)

프랜시스 딜링햄은 케임브리지 대학교의 크라이스트 대학 연구원이었다. 킹제임스성경의 번역이 끝난 후에, 그는 고향인 베드포드셔 지역 딘 교구의 주임 사제가 되었다. 그는 또한 베드포드셔 지역에 있는 윌던의 풍족한 봉급을 받는 유급 성직자가 되었으며, 거기서 독신으로 부유하게 살다가 생을 마감했다. 유능한 원로였던 토머스 풀러는 "나의 부친께서 대학에 다니실 때, 헬라어로 진행된 헬라어 학술회의가 프랜시스 딜링햄과 윌리엄 앨러배스터(William Alabaster) 사이에 있었는데, 두 분은 서로를 칭찬하셨다. 이 학술회의는 너무나 유명해서 당시의 다른 후배 학자들을 위해서 한 세대 동안 계속 진행되었는데, 두 분이 매우 연로할 때까지 계속되었다."라고 기록하고 있다. 이러한 사실로 미루어 볼 때 딜링햄은 의심할 바 없이 당시에 공인된 "위대한 헬라어 학자"였을 것이다. 딜링햄은 뛰어난 언어학자이자 탁월한 토론자로 유명했으며, 다양한 신학 논문의 저자이기도 했다.

프랜시스 딜링햄의 남동생이자 상속자였던 토머스 딜링햄 또한 딘 교구의 사제였으며, 웨스트민스터 대성당의 유명한 성직자회의 일원이었다.

그러나 나이와 질병 등의 이유로 그 직무를 지속하지는 못했다. 프랜시스 딜링햄은 실제적이면서도 논쟁적인 신학 영역에 대해서 꾸준히 저술 활동을 했다. 프로테스탄트에게 우호적이었던 예리한 저술가 벨라르미노(Bellarmine) 추기경의 양해를 받아 벨라르미노의 모든 저술을 수집했으며, 교부들의 저술들과 다양한 관점의 반가톨릭 논문들로부터 그 내용들을 발췌하여 그리스도인의 믿음에 관한 안내서를 출판하기도 했다.

로저 앤드루스(Roger Andrews)

앤드루스 박사는 펨브로크 홀의 연구원이었으며, 케임브리지 대학교의 지저스 대학에서 학장을 역임했다. 그는 또한 치체스터와 사우스웰의 주교좌성당 명예참사회원이 되었는데, 당시에 그는 윈체스터의 주교였던 그의 형 랜슬럿 앤드루스 박사처럼 유명한 언어학자였다. 랜슬럿 앤드루스 박사의 일대기는 이미 첫 번째 번역조의 책임자로서 소개된 바 있다.

토머스 해리슨(Thomas Harrison)

토머스 해리슨은 케임브리지 대학교의 트리니티 대학 학생이자 연구원이었으며, 성경 번역 당시에는 트리니티 대학의 부학장이었다. 토머스 풀러는 그의 온유함과 자애로움에 대해 다음과 같은 글을 남겼다. "케임브리지 대학교의 트리티니 대학에서 한 학자가 강연 중에 부학장인 자신을 비난했다는 얘기를 들었을 때, 해리슨은 '그가 정확히 토머스 해리슨이라는 이름을 언급했나?'라고 물었고, 아니라는 답변을 듣자 그는 '그렇다면 나는 그 말을 믿을 수 없네.'라고 했다." 케임브리지 대학교에서 해리슨이 부여받은 또 다른 임무와 관련하여 그의 명성을 보여 주는 또 하나의 명백한 증거가 있는데, 말하자면 히브리어와 헬라어 어법에 관한 뛰어난 실력으로 인해, 해리슨은 케임브리지 대학교의 히브리어 교수와 헬라어 교수를 선발하는 책임 시험관 중 한 사람이었다는 것이다.

로버트 스폴딩(Robert Spaulding)

스폴딩 박사는 케임브리지 대학교의 세인트폴스 대학에서 연구원으로 재임했으며, 에드워드 라이블리의 후임이었다. 에드워드 라이블리는 '왕이 직접 임명한' 히브리어 교수로서, 앞에서 소개한 바 있다.

앤드루 빙(Andrew Bing)

빙 박사는 케임브리지 대학교의 피터 하우스 연구원이었으며, 제프리 킹(Geoffry King)의 후임이 되었다. 제프리 킹은 스폴딩 박사의 후임이었다. 이 교수들은 모두 '왕이 직접 임명한' 히브리어 교수였다. 빙 박사는 1606년 요크의 부주교보가 되었으며, 1618년에는 노리치의 부주교가 되었다. 그는 영연방(Commonwealth) 시기에 생을 마감했다.

이 정도의 간략한 소개만으로도 이 번역조의 번역자들이 킹제임스성경의 번역자들로서 충분히 자격을 갖추고 있었다는 것을 알 수 있다. 이 성별된 학자들과 깊이 있는 성직자들의 조용하고 눈에 띄지 않는 삶은 역사의 기록에 남을 만큼 강력한 사건을 우리에게 남겨 주지 않았다. 그러나 그들의 학문은 불멸의 작품인 킹제임스성경의 각 장 속에 여전히 살아 있고, 또 우리를 지도해 주고 있다.

세 번째 번역조

세 번째 번역조는 옥스퍼드 대학교의 성직자들로 구성되어 바로 그 유명한 학문의 전당인 옥스퍼드 대학교에서 모임을 가졌으며, 성경 번역이라는 이 중요한 임무를 맡을 만한 자격의 측면에서 볼 때, 여타의 다른 번역조와 견주어 전혀 손색이 없었다. 이 번역조에 할당된 부분은 이사야서에서 구약의 끝까지였다.

존 하딩(John Harding)

이 성직자는 이 세 번째 번역조의 책임자였다. 이 직위는 그가 다른 동료들에 비해 얼마나 높게 평가된 인물이었는지를 알게 해 준다. 그럼에도 불구하고 그의 성품과 개인사에 관한 정보는 우리 시대에까지 전해져 내려오지 않았다. 그가 수행했던 직위들은 이렇게 존경할 만한 학자들의 모임에서 그러한 직위들을 받을 만큼의 학문과 경건함을 가진 사람이었으리라는 우리의 의견을 확인해 주는 증거들이다. 성경의 번역을 돕도록 임명된 때는 그가 13년 동안 옥스퍼드 대학교에서 '왕이 직접 임명한' 히브리어 교수로서 재직하고 있던 때였다. 많은 사람들이 열의와 열정을 가지고 성경을 공부하고 있던 당시에 하딩 박사가 그러한 직위에 재직하게 된 것은, 그가 그러한 일을 하기에 매우 적합한 인물이었다는 사실을 아주 잘 암시해 준다. 제임스왕에 의해서 킹제임스성경을 번역하는 일에 임명되었을 때, 하딩 박사는 옥스퍼드 대학교 모들린 대학의 학장이었으며, 동시에 옥스퍼드셔 지역 핼시의 교구사제였다. 하딩 박사가 자기 동생과 함께 수행한 역할은 아마도 번역 작업에서 가장 어려운 부분이었을 것이다. 그가 킹제임스성경을 완역하는 데 사용한 언어적 기법과 아름다움은 "주어진 두 개의 언어에서, 첫 번째 언어를 통해 표현된 내용을 어떻게 두 번째 언어로 가장 근접하게 표현해 낼 수 있을 것인가?"라는 문제에 관한 완전한 해법이었다.

존 레이놀즈(John Reynolds)

번역 작업 중에 생을 마감한 이 유명한 성직자는 번역 작업 자체가 이 성직자의 제안에 의해 이루어지게 된 것이므로 특별히 언급할 만하다. 레이놀즈 박사는 1549년 데번셔 지역의 펜호에서 태어났다. 1562년에 13세로 대학교에 입학했으며, 이후 평생 동안을 대학교 구내에서 생활했다. 처음에는 옥스퍼드 대학교 머튼 대학에 들어갔으나, 그 다음 해에 케임브리지 대학교의 코퍼스크리스티 대학으로 옮겨, 그곳에서 주로 교육을 받았다. 그는 1566년 17세의 나이로 이 대학의 연구원이 되었으며, 6년 후에는 헬라어 교수가 되었다. 코퍼스크리스티 대학은 레이놀즈가 이른 나이임에도 학문적으로 높은 수준에 도달한 것에 긍지를 가지고 있었다.

이 시기 즈음 종교 논쟁의 역사에서 가장 특이한 일 중의 하나가 일어난다. 존 레이놀즈는 열정적인 카톨릭 신자였는데, 자신의 연구원이던 동생 윌리엄 레이놀즈는 열정적인 프로테스탄트였다. 두 형제는 서로의 구원을 위해 상대의 종교를 바꾸려고 노력했는데, 결국 두 사람 다 성공했다! 동생인 윌리엄 레이놀즈는 카톨릭으로 개종하여 살다가 카톨릭으로 생을 마감했다. 반면 형 존 레이놀즈는 나중에 청교도가 되었고, 개혁의 막강한 전사가 되어 살다가 청교도로 생을 마감했다.

존 레이놀즈는 회심 이래로 하나님의 말씀을 전파하는 매우 능력 있고 성공적인 설교자가 되었다. 그는 1578년에 대학의 신학 토론에서 논쟁자로서 자신을 크게 드러내면서, 카톨릭 논쟁의 소용돌이에 휘말렸다. 신학의 전체 영역을 탐구하고 스스로 신학의 대가가 되겠다고 결심한 후, 존 레이놀즈는 원어 성경 연구에 몰입했다. 그는 헬라어와 라틴어로 된 교부들의 모든 글을 읽었으며, 교회와 관련된 모든 고대 기록들을 읽었다. 이렇게 많은 양을 한꺼번에 읽는다고 해서 읽은 내용이 그의 머리에서 빠져나가 버리지는 않았다. 일설에 의하면 "그의 기억은 거의 기적적이어서, 그가 읽은 방대하고도 수많은 자료들의 모든 쪽, 모든 문단의 내용들이 그대로 제시될 수 있었다." 그는 "학식의 보고"라는 칭호를 얻었고, "살아 있는 도서관이요, 제3의 대학교"라고 일컬어졌다.

1578년경, 존 하트(John Hart)라는 카톨릭 광신자가 영국의 모든 학자들에게 공개 토론을 하자고 도전장을 내밀었다. 엘리자베스 여왕의 추밀원 위원들 중 한 사람의 간청으로, 존 레이놀즈가 존 하트를 대면했다. 몇 번의 대결 후, 그 카톨릭 전사는 자신이 그 대결에서 궁지에 몰렸음을 인정했다. 양쪽 대결자가 서명한 토론 결과 보고서가 출판되어 널리 회람되었으며, 이 사건이 존 레이놀즈의 명성을 크게 드높였다. 존 레이놀즈는 곧바로 신학 박사 학위를 받았으며, 엘리자베스 여왕에 의해 케임브리지 대학교의 신학 교수로 임명되었다. 당시 로마에 있던 '필리스티아인들의 골리앗' 벨라르미노 추기경이 로마의 영국 신학원에서 신학 교수를 하고 있었는데, 그는 자기가 어떤 카톨릭 교리를 도출해 내면 바로 그것을 적어서 정기적으로 레이놀즈 박사에게 보냈다. 그러면 레이놀즈 박사는 옥스퍼드 대학교에서 가끔 그 교리들이 틀렸음을 공개적으로 반박하곤 했는데, 그리하여 벨라르미노의 책들은 심지어 출판되기도 전에 반박되었던 것이다.

레이놀즈 박사의 교수직은 로마카톨릭에 대항하는 영국 국교회의 위력을 막강하게 하고 카톨릭과 국교회 사이의 결별을 확고히 한다는 분명한 목적을 위해 국왕의 포상으로서 주어진 것이며, 그런 까닭으로 레이놀즈 박사가 로마카톨릭의 부패에 대한 강력한 반대 입장을 드러내었기에 그가 최초로 그 자리에 임명된 것이라고 전해진다. 당시 "옥스퍼드 성직자들"은 오늘날의 옥스퍼드 운동 계승자들과는 사뭇 다른 사람들이었다. 그러나 옥스퍼드 대학교에도 진리의 신실한 증인들이 있었다. 햄프던(Hampden) 박사는 레이놀즈 박사의 훌륭한 후계자로서 로마카톨릭의 침탈에 대항하여 영국 국교회를 지켰는데, 헤리퍼드의 주교직에 임명되자 친카톨릭 성직자들의 심한 반대에 부딪혔다.

그럼에도 예전이나 지금이나 옥스퍼드 운동의 숭고한 이념과 닮은 고귀한 정신을 가진 사람들이 있어 왔다. 영국 국교회의 첫 개혁자들은 웨이틀리(Whately) 대주교가 현재 실행하고 있는 것처럼 각 교회들이 민중과 매우 가까이 있도록 교회 조직의 특성을 개선했다. 그러나 개혁자들은 이러한 특성이나 다른 형태의 교회 규율이 영원히 준수되게 하기 위해 하나님의 명령인 것처럼 운영하지는 않았다. 한 국가가 주어진 환경에 따라 가장 큰 효율을 갖기 위해 군대나 재판소 혹은 경찰을 운영하듯이, 개혁자들은 이러한 문제들을 통제하고 교회를 조직하는 것이 그리스도인들의 땅에서 민간 정부가 가지는 특권으로 간주하였다. 개혁자들은 그렇게 만들어진 개혁안들에 대해 모든 선한 민중들이 믿음을 가지고 반드시 따라야 한다고 여겼다. "신적 권위"에 대한 주장은 영국 장로교에서 처음 시작되었는데, 학식이 있고 인내심 많은 카트라이트(Cartwright)에 의해 매우 강력하게 제시되었다. 영국 국교회의 일부 성직자들은 여기서 착안하여 국교회를 위해 동일한 주장을 펼쳤는데, 처음에는 같은 국교회 성직자들에게조차 이상한 것으로 여겨졌었다.*

*[피터 헤일린(Peter Heylin) 박사가 웨스트민스터 대성당에서 설교할 때, "비국교도들이 예수 그리스도와 그 사도들로부터 나온 합법적인 정부에 따르지 않고 공개적으로 소란을 일으키는 것"에 대해 비난하자, 그 자리에 참석했던 윌리엄스(Williams) 주교가 자리에 앉아 있다가 자신의 지팡이로 강단을 세차게 두드리며 "피터! 그 주제는 더 이상 설교하지 마시오! 그 주제는 더 이상 설교하지 마시오!"라고 말했다. 그러자 헤일린 박사는 윌리엄스 주교에게 "주교님, 할 말이 조금 더 있습니다. 그 후에 주교님 말씀에 따르겠습니다."라고 말한 후 그 주제의 남은 부분을 마저 설교했다고 한다. BIOG. BRIT. IV 2597. Ed. 1747.]

휘트기프트(Whitgift) 대주교의 사제이자 캔터베리 교구 후임자였던 밴크로프트(Bancroft) 박사는 1588년 1월 12일 설교에서 "주교는 사제와는 구별되는 직위이며, 하나님으로부터 직접 부여받은 신적 권위에 의해 다른 사제들보다 우월하다."라고 주장했다. 이 놀라운 교리는 엄청난 반향을 불러일으켰다. 엘리자베스 여왕 시대의 뛰어난 정치인이었던 프랜시스 놀리스 경(Sir Francis Knollys)은 이 문제에 대해 휘트기프트 대주교에게 온건한 항의를 전했다. 이 문제에 대한 의견을 요청받은 레이놀즈 박사가 프랜시스 경에게 보낸 편지에는 다음과 같은 내용이 적혀 있었다. "지난 5백 년 동안 교회를 개혁하고자 노력해 온 모든 사람들은 주교든 사제든 모든 성직자들이 하나님의 말씀에 의해 동일한 권위와 권한을 부여받았다고 가르쳐 왔습니다. 왈덴시안(Waldenses), 마르실리우스 파타비누스(Marsilius Patavinus), 위클리프(Wycliffe)와 그의 제자들, 후스(Huss)와 그 계승자들, 루터(Luther), 칼빈(Calvin), 브렌티우스(Brentius), 벌링거(Bullinger), 무스쿨루스(Musculus)가 그러했습니다. 우리들 가운데에는 주교들과 엘리자베스 여왕의 신학 교수들, 그리고 학자들로는 브래드포드(Bradford), 램버트(Lambert), 주얼(Jewell), 필킹턴(Pilkington), 험프리(Humphrey), 펄크(Fulke) 등의 인물들이 있습니다. 제가 왜 특별한 사람들을 언급할까요? 그것은 스위스, 사보이, 프랑스, 스코틀랜드, 독일, 헝가리, 폴란드, 벨기에, 네덜란드, 룩셈부르크, 그리고 영국의 개혁된 교회들의 의견입니다. 나는 밴크로프트 박사가 이 모든 교회들이 그것을 건전한 교리로 인정했다고 말하지는 않기를 바랍니다. 밴크로프트 박사의 주장은 가장 번성했던 시기에도 전체 교회의 일반적인 동의에 의해 이단으로 비난받았던 것입니다. 나는 주교가 하나님으로부터 직접 부여받은 신적 권위에 의해 다른 사제들보다 우월하다고 말한 것이 과도한 발언이었다는 사실을 밴크로프트 박사가 깨닫게 되기를 바랍니다."

정부 당국의 그러한 압도적인 지지에도 불구하고, 레이놀즈 박사의 이 애정 어린 소망은 실망스럽게도 이루어지지 못했다. 이후로도 밴크로프트 박사의 새로운 교리는 계속 유행했다. 그러나 레이놀즈 박사의 "우리 그리스도인들에게는 어떠한 나라도 낯설지 않고, 어떠한 땅이라도 거룩하며, 모든 해안이 유대인 지역이고, 모든 도시가 예루살렘일 뿐 아니라, 모든 집이 시온이다. 물론 모든 신실한 동료들, 즉 모든 신실한 그리스도인들의 몸이 하나님께서 거하시는 성전이다. 왕이 그의 신하들과 함께하는 모든 곳이 궁전이듯이, 두세 사람이 그리스도의 이름으로 모이는 모든 곳에 그리스도께서 임재하시며 바로 그곳이 교회가 된다."라는 말을 건전하게 받아들이는 사람들이 아직도 많이 있다.

청교도적인 신앙을 가진 사람들을 좋아하는 군주가 아니었음에도 불구하고, 엘리자베스 여왕은 레이놀즈 박사의 뛰어난 재능과 활동에 주목하지 않을 수 없었다. 엘리자베스 여왕은 1598년에 레이놀즈 박사를 링컨 지역의 주임 사제로 임명하고 주교 직위를 수여했다. 레이놀즈 박사는 이 주교직을 정중히 사양했는데, 이는 그가 그러한 직위를 통해서 얻게 될 부와 명예보다는 학구적인 삶을 더 좋아했기 때문이다. 그러나 양심적인 판단이 그가 그 성직을 사양하는 데 더 큰 영향을 미친 듯하다.

레이놀즈 박사는 채 1년이 되지 않아 링컨의 주임 사제직도 사임했으며, 그 이전부터 맡았던 케임브리지 대학교의 퀸스 대학 교수직도 사직했다. 당시 레이놀즈 박사는 케임브리지 대학교의 코퍼스크리스티 대학 학장으로 재임 중이었는데, 평생 동안 이 직책에 있으면서 매우 활동적으로 임무를 수행하며 역량을 발휘했다. 이 대학은 레이놀즈 박사 재임 이전에는 카톨릭에 깊이 오염됐었다. 1568년 코퍼스크리스티 대학의 학장이 공석이 되었을 때, 엘리자베스 여왕은 메리 여왕 시절에 망명자였던 윌리엄 콜(William Cole) 박사를 학장에 추천하는 편지를 보냈으나, 교수진들은 교수진 내에서 카톨릭 신자인 로버트 해리슨(Robert Harrison)을 학장으로 선출했다. 여왕은 이 선출이 무효임을 선언하고 콜을 임명하도록 명령을 내렸는데, 그들이 여왕의 결정을 거절하자 윈체스터 주교인 혼(Horn) 박사가 그 대학의 감찰관으로 파송되어 교문을 부수고 강제로 진입한 뒤에야 콜 박사를 취임시키게 되었다. 여왕에 의해 임명된 위원회는 가장 유명한 카톨릭 신자 3명을 교수직에서 해임시켰는데, 이러한 사건들로부터 예상할 수 있는 바와 같이, 코퍼스크리스티 대학의 교수회는 그 후로 전혀 화합을 이루지 못했다. 1579년 레이놀즈 박사는 그의 유명한 제자요 〈교회 조직〉(Ecclesiastical Polity) 등의 저자인 리처드 후커(Richard Hooker)와 함께 코퍼스크리스티 대학에서 해임되었다. 어떠한 배경으로 이러한 일이 있었는지는 현재까지 알려지지 않고 있는데, 그 일은 당시 워릭 지역에서 강력한 세력을 가지고 있던 백작의 사제이자 그 대학의 부학장인 존 바푸트(John Barfoote) 박사에 의해 이루어진 조치였다. 그러나 두 해임된 교수들은 한 달이 되지 않아 프랜시스 월싱엄(Francis Walsingham) 국무장관의 도움으로 완전히 복직되었다. 1586년에는 이 월싱엄 경이 신학 교수직에 대해 성직자 봉급을 지급했다. 이것은 과격한 로드주의자[Laudian, 영국 국교회가 로마카톨릭보다도 초대 교회의 신앙과 실천을 많이 보존하고 있으며, 국왕이 신권(神權)에 의해 지배하고 있다고 주장하는 주의 - 역자 주]인 헤일린(Heylin)이 언급한 바와 같이 "로마카톨릭을 더 혐오스럽게" 만들기 위한 목적이었다. 레이놀즈 박사는 이 교수직을 받아들였으며, 이러한 목적에 따라 코퍼스크리스티 대학의 연구원직은 사임하였다. 그가 말한 바와 같이 "그곳에서의 알력과 분파 행위는 그로 하여금 그곳에 대해 진저리가 나게" 만들었던 것이다. 그는 퀸스 대학으로 돌아왔으며, 1598년 콜 박사의 사임으로 코퍼스크리스티 대학의 학장으로 임명될 때까지 퀸스 대학의 학장으로 재직했다. 바푸트 박사는 학장에 임명되기 위해 큰 노력을 기울였으나 "매우 고귀하고 자격 있는 기사인 프랜시스 월싱엄 경"의 확고한 진행으로 레이놀즈 박사가 학장에 임명되었다.

제임스왕은 1603년에 그를 햄프턴 궁전 회의에서 청교도를 대표하는 4명의 성직자들 중 하나로 임명했다. 이 회의에서 레이놀즈 박사는 청교도 발의자 측의 거의 유일한 발언자로서, 제임스왕과 대주교, 8명의 주교들과 8명의 주임 사제들을 상대했다. 이 회의에 대한 기록들은 모두 그의 반대편에 선 사람들이 기록했기 때문에 레이놀즈 박사에 대해 유리하게 기록되지 못했다. 래핀(Rapin)이 언급한 것처럼, 이 "조롱 회의"에서는 청교도들이 왕의 거만함과 고위 성직자들의 교만함에 압도되어 어떠한 대응도 소용이 없음을 깨닫고 평정심을 유지할 수 없는 상황이었다. 사실 이 회의는 영국의 새로운 국왕이 자신의 종교 정책을 선포할 기회를 얻기 위해 개최한 것에 불과했던 것이다.

이 강압적이고 모욕적인 회의에서 나온 유일한 성과는 바로 우리가 현재 사용하는 존중할 만한 성경 번역본이 나온 것이었다. 제임스왕은 청교도들의 다른 모든 요청은* 비웃으며 거절했지만, 왕의 재가 하에 준비된 새롭고 더 정확한 번역본이 있어야 한다는 레이놀즈 박사의 제안에는 동의했다. 그 이듬해에 번역자들이 선정되어 명단이 작성될 때, 레이놀즈 박사도 이미 잘 알려진 히브리어와 헬라어 실력으로 명단에 포함되었다. 그는 열정을 가지고 이 일에 전력했으며, 이 일을 완수하는 데 도움이 되는 광범위한 소장 도서들을 가져왔다. 그러나 그는 일이 완성되는 것, 즉 킹제임스성경이 출판되는 것을 보지 못하고 생을 마감했다. 레이놀즈 박사는 작업이 진행되는 도중에 폐결핵에 걸렸으나 마지막 순간까지 조력을 아끼지 않았다.

*(청교도들의 요청은 다음과 같이 매우 합리적인 것이었다. 1. 교회의 교리는 하나님의 말씀에 따라서 순수하게 보존되어야 한다. 2. 훌륭한 목사들이 모든 교회에 임명되어야 하며, 동일한 교리를 설교해야 한다. 3. 교회 조직은 하나님의 말씀에 따라 신실하게 사역해야 한다. 4. 〈공동기도서〉가 더욱 경건하게 조정되어야 한다.)

레이놀즈 박사가 투병 중일 때, 그가 속한 번역조는 그의 응접실에서 매주 정기 모임을 가졌다. 그 매주 모임에서 그들은 각자가 개별적으로 연구한 내용들을 비교하고 완결하는 회의를 했다. 그러므로 레이놀즈 박사는 (본서의 소개의 글에 언급된) 베너러블 비드(Venerable Bede)처럼 생을 마감한 것이다. 즉 "생명의 말씀을 번역하는 일에 선발되어, 그 자신이 영원한 생명으로 들어갈 때까지 그 일을 했던 것"이다. 학문 연구에 대한 과도한 몰입이 그의 날수를 줄어들게 한 것 같다. 그의 친구들이 번역 작업에서 물러나기를 권했지만, 그는 "논 프로프테르 비탐, 비벤디 페르데레 카우사스."(생명을 보존하기 위하여 삶의 존재 이유를 잃을 수는 없다.)라고 대답한 것이다! 투병 중 그의 시간들은 기도와 성경 듣기와 성경 번역으로 온전히 채워졌다.

카톨릭 신자들은 유명한 카톨릭 반대자인 레이놀즈 박사가 프로테스탄트 정신을 철회했다고 말하기 시작했다. 그는 이 소문을 듣고 매우 슬퍼했지만 몸이 너무나 허약했기 때문에 자신의 이름으로 다음과 같은 글을 남겨야 했다. "이것이 온 세상에 대한 나의 증언이다. 나는 나의 전 생애 동안에 나의 설교와 글을 통해 가르쳤던 바로 그 믿음 속에서, 나의 구주 예수 그리스도의 은혜를 통하여 받은 구원의 확실한 소망을 가지고 나의 삶을 마감하노라." 다음 날인 1607년 5월 21일, 레이놀즈 박사는 68세의 나이로 생을 마감했다. 그는 코퍼스크리스티 대학의 예배당에 묻혔고, 그의 장례식은 매우 장엄하고 화려하게, 만인의 애도 속에서 치러졌다.

레이놀즈 박사의 근면함과 경건함은 그의 수많은 저술에서 확연히 증명되었으며, 오랫동안 높이 존경받아 왔다. 원로인 앤서니 우드(Anthony Wood)는 청교도에 대해 매우 냉소적인 사람이었지만 레이놀즈 박사에 대해서는 "모든 종류의 학문 영역에서 놀랄 만한 지식을 갖추고 있었고, 모든 언어에 매우 뛰어났다. 문학적 지식에 있어서는 천재였다."라고 말했으며, 이에 덧붙여 "그는 교리에 뛰어났고, 학문의 보고였다. 한마디로 그는 청교도의 기둥이었고, 비국교도의 위대한 지지자였다. 그 무엇도 이 사실을 부정할 수는 없다."라고 평가했다.

레이놀즈 박사와 친분이 있던 크래컨소프(Crackenthorpe) 박사는 열성파 국교도였음에도 불구하고 레이놀즈 박사에 대해 "그는 모든 작가들,

세속적인 사람들, 국교도들, 성직자들뿐만 아니라, 모든 위원회와 교부들을 쓰러뜨렸고, 심지어 교회의 역사마저 바꾸었다. 그는 한 성직자에게 유용한 모든 언어들뿐만 아니라 부가적인 모든 언어들에서도 매우 뛰어난 인물이었다. 레이놀즈 박사는 예리하고 적절한 임기응변, 위엄 있고 성숙한 판단력, 지치지 않는 근면성을 갖춘 학자였다. 그는 모든 학문과 과학에 매우 능숙했는데, 마치 각 학문 영역에 일생을 바친 사람들의 수준을 모두 합한 것 같았다. 또한 레이놀즈 박사는 선행, 청렴, 경건, 삶의 거룩함에 있어서 매우 뛰어나고 탁월했기 때문에, 만약 누군가를 '레이놀즈'라고 부른다면 그것은 그 사람의 훌륭한 언행을 칭찬하는 말로 쓰인 것이었다."라고 회고했다.

레이놀즈 박사에 대한 다른 증언들 중에서 한 가지만 더 소개한다면, 노리치의 유명한 주교 홀(Hall)은 "레이놀즈 박사는 그 한 사람으로도 잘 갖추어진 도서관이었다. 그 안에 모든 대학 교수진들과 모든 연구와 모든 학문이 다 들어 있었다. 그의 기억력과 독서량은 거의 기적에 가까웠다." 라고 기록했다.

레이놀즈 박사는 성경 번역자들의 고귀한 모임 안에 있는 모든 자격 있는 사람들 중 한 사람이었다. 그 어떤 것도 번역자들의 거대한 학문적 지식을 통해 이루어진 킹제임스성경보다 더 큰 확신을 심어 줄 수는 없다. 킹제임스성경의 번역자들이 갖추었던 지식은 겉핥기 지식만 있는 학자들, 반쯤만 아는 학자들, 아는 체만 하는 학자들로 이루어진 이 시대의 피상적인 지식인들에게는 거의 믿을 수 없는 수준일 것이다. 재산의 축적과 축적된 부를 물려주는 것보다 지식의 축적과 그 지식의 부요함을 수

많은 세대에 베푸는 것은 얼마나 더 훌륭한 일인가! 존 애스터(John Astor)나 스티븐 지라드(Stephen Girard)와 같은 사람 수백만 명의 지식보다는 앤드루스(Andrews)나 레이놀즈 같은 사람의 성경 지식을 그 누가 바라지 않겠는가?

토머스 홀런드(Thomas Holland)

토머스 홀런드는 슈롭셔 지역 러들로에서 1539년에 태어났다. 그는 옥스퍼드 대학교의 엑서터 대학에서 교육을 받았으며, 1570년에 우수한 성적으로 졸업했다. 3년 후 옥스퍼드 대학교의 베일리얼 대학에서 사제로 임명되고, 동시에 연구원으로도 임명되었다.

앤서니 우드는 그를 "성경에 밝은 또 하나의 아폴로"라고 칭했으며 "견실한 설교자이자, 매우 뛰어난 토론자이며, 매우 학식 있는 성직자"라고 평가했다. 그는 1584년에 신학 박사 학위를 취득했다. 다음 해인 1585년 레스터의 백작으로 잘 알려진 로버트 더들리(Robert Dudley) 경이 네덜란드의 총독으로 파견될 때, 홀런드 박사도 종군 사제의 직위로 더들리 경과 함께 파견되었다. 당시는 네덜란드가 에스파냐의 속박에서 갓 벗어났을 때였다. 1589년에는 유명한 로렌스 험프리 박사의 뒤를 이어 왕의 신학 교수로 임명되었다. 그는 이 임무를 통해 뛰어난 역량을 인정받았고, 많은 훌륭한 학자들을 배출해 냈다. 1592년에는 엑서터 대학의 학장으로 임명되었는데, 그는 여기서 20년간 임무를 수행하며 박식한 학자로,

또 학문의 보고로 일컬어지면서 큰 명성을 쌓았다. 그의 명성은 바다 건너 유럽 대륙 본토에까지 전해졌고, 유럽의 많은 대학교에서 대단한 존경을 받았다. 이러한 것들이 학자로서의 인생에서 토머스 홀런드 박사에게 있었던 주요 사건들이었다.

토머스 홀런드 박사의 인품에 관해서 보자면, 그는 매우 경건한 사람이었고, 교리적으로는 철저한 칼빈주의자였으며, 의식과 교회법에 관해서는 국교회를 반대하는 굳건한 청교도였다. 그는 대학교 공개토론회에서 강력히 주장하기를, "하나님의 말씀에 따르면, 주교는 다른 성직자들과 구별되는 직위가 아니며, 결코 다른 성직자들보다 우월하지도 않다."라고 했다. 그는 밴크로프트(Bancroft)와 로드(Laud)가 옥스퍼드 대학교에 도입하려고 애썼던 카톨릭식 개혁에 단호히 저항했다. 나중에 캔터베리의 대주교가 된 가증스런 로드가 1604년 신학 학사 학위 후보자로 시험을 치르고 있을 때, 로드는 "교구 주교 제도가 없는 참된 교회란 있을 수 없다."라고 강력히 주장했는데, 이에 대해 당시 학위 평가 위원장이었던 홀런드 박사는 날카롭고도 공개적으로 반박했다. 홀런드 박사는 미래의 영국 대주교에게 "형제들 사이에, 그리고 영국 국교회와 바다 건너 유럽 본토의 프로테스탄트 교회들 사이에 불화의 씨를 뿌리려고 노력하는 자"라며 로드를 심하게 비난했다.

설교자로서의 홀런드 박사는 열정적이고 진지한 설교자였다. 그의 즉흥 강연은 그가 더 공을 들여 준비한 강연보다 듣기에 더 좋았다. 학생 시절에 그는 늘 "책 속에 파묻혀" 있어서, 이러한 습성이 거의 모든 것을 삼켜 버렸다는 얘기를 들을 정도였다. 성경 번역에 있어서도 그는 맡은 일을 매우 탁월하게 수행해 냈다. 성경 번역은 그의 일생에서 가장 빛나는 업적이었다. 그는 1612년 3월 16일에 생을 마감했는데, 이는 킹제임스성경의 번역이 완료되어 출판되고 수개월이 지난 후의 일이었다. 이때 그의 나이는 73세였다.

번역이 완료된 후, 홀런드 박사는 자기 시간의 대부분을 묵상과 기도로 채웠다. 병과 나이로 인한 허약함이 그가 소망하는 하늘에서의 더 위대한 삶으로 그를 재촉해 갔다. 떠나는 그 순간에 그는 외쳤다. "오시옵소서. 아, 오시옵소서, 주 예수여. 주님은 밝게 빛나는 새벽별이십니다! 오시옵소서, 주 예수여. 저는 저의 생을 마치고 주님과 함께 있기를 바라옵니다." 그는 장엄한 장례 의식 속에서 옥스퍼드 대학교의 세인트메리스 교회 성단소에 안장되었다.

홀런드 박사의 가까운 동료이자 킹제임스성경 번역 동역자였던 킬비(Kilby) 박사가 홀런드 박사의 장례식 설교를 했다. 그 설교에서 킬비 박사는 홀런드 박사에 대해 다음과 같이 말했다. "그는 모든 학문적 언어에 있어서 놀라운 지식을 가지고 있었으며, 인문학과 신학의 모든 학문과 과학에 있어서도 그러했다. 그는 성경에 밝았으며, 교부들의 글도 마치 그가 그들 중 한 사람인 것처럼 매우 익숙하게 알고 있었다. 그러므로 그는 신학 대학의 학장에 가장 적합한 사람이었다. 그는 20년간 그 일을 맡았고, 그 일을 하는 동안 그 일에 뛰어나다는 평가와 찬사를 받았다. 또한 그의 설교와 학문과 토론과 절제, 또 그 외에도 그의 모든 뛰어난 역량에 있어서 너무나 유명하기 때문에, 그를 아는 모든 사람들이 그를 칭찬하며, 그에 관하여 들은 모든 사람이 그를 존경한다." 또한 킬비 박사는 이 설교에서 믿음과 경배에 있어서의 순수성에 대한 그의 열정과 모든 미신과 우상 숭배에 반대하는 그의 열정을 묘사하면서, 다음과 같은 일화를 소개했다. 즉 홀런드 박사가 여행을 갈 때면, 먼저 그 대학의 연구원들을 불러 모아 놓고 각자에게 임무를 부여하면서 항상 "하나님에 대한 사랑과 모든 카톨릭과 미신들에 대한 증오로 내가 너에게 이것을 명하노라."(라틴어로 Commendo vos dilectioni, Dei, et odio papatus et superstitionis.)라는 말로 인수인계를 마치곤 했다는 것이다. 홀런드 박사는 논문집 몇 권과 설교집 한 권을 출판했다. 그는 또 출판을 위해 준비한 많은 원고를 남겼으나, 그 글들이 거기에 담겨진 청교도 신앙과 친숙하지 않은 사람들의 손에 들어감으로써 결국 출판되지 못했다.

리처드 킬비(Richard Kilby)

영어로 성경을 읽어 온 모든 세대들이 대단히 감사해야 할 학식 있는 성직자들 중에서 한 자리는 반드시 리처드 킬비 박사를 위해 마련되어야 한다. 킬비 박사는 레스터셔에 있는 릭 강변의 라디프에서 태어나고 자랐다. 그는 옥스퍼드 대학교에 가서 3년 만인 1577년에 동 대학교의 링컨 대학 연구원으로 선발되었다. 그는 옥스퍼드 대학교에서 성직자로 임명되었고, 유명한 설교자가 되었다. 1590년에는 링컨 대학의 학장으로 임명받았으며, 같은 해에 링컨 대성당의 주교좌성당 명예참사회원이 되었다. 그는 예리한 히브리어 실력을 인정받아 왕의 히브리어 교수가 되었다. 연구 성과로는 유대교 랍비들의 저술을 주로 인용한 출애굽기 주석서가 남아 있으며, 1620년 60세의 나이로 생을 마감했다.

위에 적은 내용들이 킬비 박사에 대해 남아 있는 거의 모든 자료이다. 그러나 아이작 월튼(Izaak Walton)이 기록한 샌더슨(Sanderson) 주교와의 유명한 일화가 우리에게 남아 있다. 이 일화는 섬세한 작가인 월튼에 의해 기록되어 당시의 역사적 상황을 상세히 기술하고 있어서, 이 책의 목적에 부합되기에 월튼의 글을 그대로 인용하고자 한다.

"나는 여기서 잠깐 멈추어, 이 글을 읽는 독자들에게 킬비 박사가 매우 뛰어난 지식과 지혜를 갖춘 사람이었다는 것을 전하고자 한다. 그는 히브리어에 있어서 매우 뛰어난 비평가였으며, 옥스퍼드 대학교에서 히브리어 교수로 재직했다. 그는 또한 완벽한 헬라어 학자이기도 했는데, 이로 인해 제임스왕에 의해 성경 번역자로 임명되었다. 킬비 박사와 샌더슨 박사는 자주 만나 대화를 나눴는데, 마치 아버지와 아들 사이 같았다. 한번은 킬비 박사가 더비셔에 여행을 가면서 샌더슨 박사를 데리고 갔다. 그곳에서 킬비 박사의 친구와 함께 쉬다가 주일에 그곳 교구의 교회에 갔는데, 교회의 젊은 설교자가 전혀 분별력이 없다는 사실을 알게 되었다. 그는 몇몇 단어에 대한 킹제임스성경의 번역에 이의를 제기하는 데 설교 시간의 대부분을 써 버렸다. 그 설교에서 그는 그 단어들이 왜 다르게 번역되어야 하는지 세 가지 이유를 제시했다. 그는 킬비 박사 같은 사람이 자신의 설교를 듣고 있으리라고는 생각하지 못했을 것이다. 저녁 기도회가 끝난 후, 그 설교자는 킬비 박사의 친구 집에 초대되었다. 거기서 몇 가지 이야기를 나누다가, 킬비 박사가 그 설교자에게 성경 번역에 대한 불필요한 이의로 청중의 귀를 채워 주기보다는 좀 더 유용한 교리를 설교했어야 한다고 얘기했다. 그리고 그가 다르게 번역되어야 할 세 가지 이유를 제시했던 단어들에 대해서는, 번역 당시 킬비 박사 자신과 다른 번역자들이 그 세 가지 이유를 모두 고려했으며, 그 단어들이 현재의 번역처럼 번역되어야만 하는 열세 가지 더 합리적인 이유가 있었다고 말해 주었다. 그리고 킬비 박사는 그 설교자에게 만약 '나의 친구가 자네의 그러한 무분별한 설교가 큰 잘못이라고 판단한다면, 그는 그의 후원을 중지할 수도 있네.'라고 말했다. 이에 대해 샌더슨 박사가 그렇게 되지 않았으면 좋겠다고 말하자, 그 순수한 설교자는 자신의 잘못을 변명하지는 않겠다고 했다. 이 일 후에 나는 옥스퍼드 대학교로 돌아왔다."

아이작 월튼이 이러한 여담을 기록한 것은 당시 "대학의 권위자들"과, 다른 훌륭한 성직자들의 권위 있는 행동들을 묘사하는 데 도움이 될 수도 있고, 또 지금은 매우 보기 드물어진 일, 즉 젊은 형제들의 겸손과 순종을 보여 주는 데 도움이 될 수도 있을 것이다. 그러나 이 일화는 우리의 존경해 마지않는 성경 번역자들이 그들의 번역 작업에서 언어적 정확성을 논의할 때 신중하고 근면하게 주의를 기울였음을 보여 주는 부가적인 증거를 우리에게 제공해 주고 있다. 신학교를 갓 졸업한 젊은 목회자들이 그들의 설교에서 킹제임스성경의 번역에 대해 흠을 잡고 그 부분이 어떻게 바뀌어야 하는지 과시하듯 말함으로써, 오히려 그들 자신의 얕은 히브리어와 헬라어 실력을 드러내는 것을 들을 때면, 우리는 성난 얼굴을 한 리처드 킬비 박사의 영이 그 젊은 목회자들 앞에 나타나 주기를 바랄 수밖에 없다.

마일스 스미스(Miles Smith)

마일스 스미스는 성경 번역에 크게 기여한 사람으로서, 헤리퍼드 출신이다. 그의 부친은 활과 화살을 만드는 제조업자로서 많은 부를 축적했는데, 활과 화살 제조업은 "메리 잉글랜드" 시절에 번창한 사업이었다. 마일스 스미스는 1568년 옥스퍼드 대학교의 코퍼스크리스티 대학에 입학했고, 동 대학교의 브래스노스 대학으로 옮겨 그곳에서 학위를 받았다. 그리고 오랫동안 비할 데 없이 훌륭한 신학자로 인정받았다. 그는 크라이스트처치 대학의 사제로 있었는데, 고전 문학과 동양학의 두 학문 영역에서 큰 성취를 이루었다. 또한 헤리퍼드의 대성당에서 일정 기간 거주하며 재임하는 대성당 참사회원으로 있었으며, 1594년에 신학 박사 학위를 취득했다.

스미스 박사는 성경 번역 후에 당시 출판되었던 킹제임스성경의 4절판을 소장하고 있었다. 그는 세 번째 번역조에 속해 있었을 뿐만 아니라, 개정 작업에 선발된 12명의 개정 위원 중 한 사람이었다. 개정 작업 후에 서문을 쓸 사람을 선발하면서 스미스 박사와 빌슨(Bilson) 주교 사이에 최종 시험이 있었는데, 결국 매우 학문적이고 유창한 서문을 쓴 스미스 박사가 선발되었다. 요즈음에는 성경에 서문까지 포함하는 일은 매우 드문 일이라 성경의 서문을 읽은 독자는 거의 없다. 반면에 쓸모없이 왕에게 아첨하는 헌정사는 대서양 양쪽에서 킹제임스성경이 인쇄될 때마다 흔히 포함된다. "번역자들이 독자들에게"로 시작되는 이 고귀한 서문은 "영광스런 도성에 어울리는 멋진 대문"으로서 킹제임스성경 첫판 앞부분에 실려 있었다. 킹제임스성경의 번역자들이 신성한 원문 비평에 적합한 학문의 대가들이었는지 직접 판단하고자 하는 독자가 있다면 그 서문을 읽어 보라. 그러면 아마도 만족하게 될 것이다.

스미스 박사는 직위의 상승을 추구한 적이 없었다. 그는 스스로 즐겨 말한 바와 같이 "책 이외에는 탐심이 없었다." 그러나 책들의 제왕인 킹제임스성경의 번역에 쏟아 부은 노력에 대한 보상으로, 1612년에 제임스 왕에 의해 글로스터의 주교에 임명되었다. 여기서 그는 매우 큰 온유와 자애로 이 직무를 수행했으며, 1624년 70세의 나이로 생을 마감했다. 그는 큰 애도 속에서 글로스터 대성당에 안장되었다.

스미스 박사는 그리스어와 라틴어로 기록된 교부들의 주석에 정통했을 뿐만 아니라, 유대 랍비들의 주석에도 능통했다. 그는 칼데아어, 시리아어, 아랍어에 너무나 능숙했기 때문에 거의 모국어처럼 친숙했다고 한다. 특히 히브리어는 자신의 손가락 다루듯 잘 다룰 수 있었다. 그는 또한 역사와 인문학에도 정통했기 때문에 다른 주교에 의해 "걸어 다니는 사전"이라는 칭호로 불리기도 했다. 그가 저술한 책들은 모두 친필로 기록되었으며, 필체 또한 매우 유려했다.

성경 번역이라는 위대한 작업에서 스미스 박사는 번역자로서 맨 처음부터 일하기 시작하여 맨 나중까지 일한 인물이었다. 그러나 그가 성경 번역에 기여한 정도에 비하면 오히려 다른 번역자들보다 덜 알려져 있고 별로 언급되지 않는 편이다.

우리는 마일스 스미스 박사의 관점과 원칙들을 확고히 반대했던 다른 사람의 표현을 통해서 그의 뛰어난 성품을 요약할 수 있을 것이다. "마일스 스미스는 위대한 학자였으나, 확고부동한 칼빈주의자였고, 라우드 박사의 행위들을 증오했다."

리처드 브렛(Richard Brett)

이 공경 받아 마땅한 성직자는 존경할 만한 집안 출신으로서, 1567년 런던에서 태어났다. 그는 옥스퍼드 대학교의 하트 홀에 입학했고, 거기서 그의 첫 학위를 취득했다. 그 후 옥스퍼드 대학교의 링컨 대학 연구원으로 선발되었는데, 그곳에서 지칠 줄 모르는 근면함으로 언어와 신학과 다른 학문 영역에서 매우 뛰어난 성취를 인정받았다. 여러 학문 영역에서 학위를 취득한 후, 1595년에 버킹엄셔의 퀘인턴 교구 사제가 되어 성직록을 받으면서 생활했다. 1605년에는 박사 학위를 받았다.

브렛 박사는 그가 섭렵한 방대한 학식으로 유명했으며, 아울러 신앙의 경건함으로도 존경을 받았다. 그는 라틴어, 헬라어, 히브리어, 칼데아어, 아랍어, 에티오피아어와 같은 언어에 능숙했으며, 언어학적 비평에도 정통했다. 그는 또한 라틴어로 된 수많은 연구 논문을 출판했다.

리처드 브렛 박사에 관한 기록에 의하면 "그는 매우 사려 깊은 성직자였으며, 하나님의 말씀을 전파하는 데 열심인 설교자였을 뿐 아니라, 가난한 이들에게 관대한 자선가였고, 신실한 친구이자, 선한 이웃이었다." 모든 이에게 본이 될 만하고 학문을 좋아했던 이 성직자는 당대에 높은 존경을 받은 인물이었다. 그는 1637년 70세의 나이로 생을 마감했으며,

그가 43년간 말씀을 전파하고 예배를 인도했던 퀘인턴 교회의 강단 옆 성단소에 안장되었다.

페어클러프(Mr. Fairclough)

본 저자는 이 번역자의 정확한 신원을 확인하기 위하여 많은 노력을 기울였다. 입수 가능한 모든 종류의 정보들을 다 수집한 이후, 저자는 번역자 목록의 맨 마지막에 단순히 '페어클러프(Mr. Fairclough)'라고 기록되어 있는 이 인물이 대니얼 피틀리(Daniel Featley)로도 알려져 있는 대니얼 페어클러프(Daniel Fairclough)라고 확신하게 되었다. 피틀리는 페어클러프의 와전된 발음이다. 이 사실은 〈대니얼 피틀리 박사 회고록〉을 집필한 페어클러프 박사의 조카 존 피틀리(John Featley) 박사가 회고록 맨 마지막 부분에서 분명하게 밝힌 것이다. 존 피틀리 박사는 자신의 삼촌이 '페어클러프'라는 이름으로 부제와 사제의 직책에 임명되었다고 기록하고 있다. 신원 확인에서 가장 의문스러웠던 부분은 대니얼 페어클러프의 나이다. 그가 성경 번역자로 지명되었을 때, 그는 약 26세밖에 되지 않았다. 이 나이는 다른 동료 번역자들의 나이에 비해 상당히 젊은 나이였다. 그러나 그는 이미 노련하고 뛰어난 학자였으며, 단지 상대적으로 나이만 젊었을 뿐이다. 성경 번역 작업이 진행되던 중에 생을 마감한 위대한 학자 레이놀즈(Reynolds) 박사의 장례식 설교가 페어클러프에게 맡겨졌는데, 장례식은 단지 나흘만 공지된 후 거행되었음에도 그것이 훌륭하게 진행되었다는 찬사를 받았다.

주로 대니얼 피틀리로 알려져 있던 대니얼 페어클러프의 출생지는 옥스퍼드셔의 찰턴이었다. 이곳에서 그는 1578년경에 출생했다. 1594년에 옥스퍼드 대학교의 코퍼스크리스티 대학에 입학하여, 1594년에 연구원으로 선발되었다. 그는 역량을 매우 높이 평가받아서, 프랑스로 가는 대사 토머스 에드워즈 경(Sir Thomas Edwards)이 그를 대사관 전속 사제로 데려갔으며, 그곳에서 2,3년 동안 재임했다. 그는 재임 중에 소르본 대학 박사들이나 다른 카톨릭주의자들과 "거친 논쟁"을 많이 벌였다. 페어클러프의 상대들은 페어클러프를 "예리하고 신랄한 피틀리"라고 불렀으며, 그들은 "소르본 대학의 학자들만큼만 끈기가 있다면, 그는 모래로도 밧줄을 꼬아 만들 수 있다."는 그들의 허풍스런 궤변에 맞설 만한 위력 있는 상대가 바로 그임을 알게 되었다.

페어클러프는 영국으로 돌아와서 대학에 복귀했으며, 콘월 지역 노딜의 교구 사제가 된 1613년까지 대학에서 일했다. 그 후 킹제임스성경 번역자들 중 한 사람이었던 캔터베리의 대주교 애벗(Abbot) 박사에게 전속 사제로 임명되었다. 애벗 박사는 페어클러프를 서레이 지역 람베스의 교구 사제에 임명했다. 1617년에 페어클러프는 옥스퍼드 대학교에서 '왕이 직접 임명한' 신학 교수로 있던 프리도(Prideaux) 박사와 유명한 토론회를 가졌다. 토론회 이전에 애벗 주교가 페어클러프에게 런던 브레드 거리의 올핼로우스 교회의 성직록을 수여했는데, 이 토론회가 끝나자 곧 미들섹스 지역에 있는 앤턴의 성직록으로 바뀌었다. 이후 그는 첼시 대학의 학장이 되었으며, 동시에 찰스 1세의 상임 사제로 재임했다.

청교도적 신앙을 가지고 있었던 페어클러프 박사는 1643년에 웨스트민스터 대성당 성직자회의 회원으로 임명되었다. 정치 질서를 전적으로 변화시키는 데 찬성하는 "뿌리와 가지" 당의 일원이 아니었기 때문에, 그는 곧 장기 의회(Long Parliament; 찰스 1세가 1640년에 소집해 1660년까지 계속된 청교도 혁명 때의 의회)의 고통을 겪게 되었다. 그런가 하면 당시 왕과 함께 옥스퍼드 대학교에 있었던 어셔(Usher) 대주교와의 왕래 서신들 중 일부를 누군가 가로채기도 했다. 이 서신들에서 페어클러프 박사는 "엄숙 동맹"[1643년 잉글랜드 · 스코틀랜드 양국 의회 사이에 맺어진 협약으로, 스코틀랜드 · 아일랜드 · 잉글랜드에서의 장로교회주의(Presbyterianism)의 존속을 약정했음]에 대해 양심의 가책을 표현했는데, 이로 인해 첩자로 의심을 받았으며, 급기야 감옥에 갇히고 사제직까지 박탈당하고 말았다. 이듬해에 건강이 악화된 이유로 그의 청원이 받아들여져 첼시 대학으로 돌아오게 되었다. 그곳에서 경건한 생활로 수개월을 지낸 후, 1645년 4월 17일에 생을 마감한다. "그는 작은 키였지만, 위대한 혼을 소유했고, 그 안에 모든 학문이 꽉 들어차 있었다." 그는 약 40권의 서적과 논문을 출판했으며, 많은 친필 문서를 남겼다. 그 외 다른 수고들은 사라져 버렸지만, 그가 아직 태어나지도 않은 수많은 사람들에게 주고자 했으리라 믿어지는 "주님의 말씀"은 "영원히 우리와 함께 거하고 있다."

네 번째 번역조

이 유명한 학자들로 구성되었던 네 번째 번역조는 옥스퍼드 대학교의 성직자들로 이뤄져 있었다. 이들에게 할당된 번역 부분은 사복음서와 사도행전, 요한계시록이었다.

토머스 래비스(Thomas Ravis)

이 번역조의 책임자였던 토머스 래비스는 서리 카운티의 몰든에서 출생했으며, 존경받는 가문 출신이었다. 그는 웨스트민스터 스쿨에서 양육되었으며, 1575년에 옥스퍼드 대학교의 대학들 중 하나인 크라이스트처치 대학에 입학했다. 흥미롭게도 그는 여러 가지 폭넓은 학문 영역에서 공부를 했고, 다양한 학위를 취득했다. 1578년에는 인문학 학사로 졸업했으며, 1581년에는 인문학 석사 학위를 취득했다. 1589년에는 신학 학사가 되었고, 1595년에는 신학 박사가 되었다. 킹제임스성경 번역자들 중 많은 수가 여러 가지 학위를 소유한 사람들이었지만, 이 책에서는 경력을 소개하면서 생략되기도 했다. 그들 각자가 존경받는 대학에서 높은 학문적 명성을 얻었다는 기록은 충분히 남아 있다.

래비스 박사는 1591년 런던의 바킹 지역 올핼로우의 교회에 교구 사제로 임명되었다. 이듬해에는 웨스트민스터 대성당의 참사회원이 되어, 그 성당의 일곱 번째 성직자석에 앉게 되었다. 2년 뒤에는 크라이스트처치 대학의 학장에 임명되었으며, 1596년과 1597년에는 옥스퍼드 대학교의 부총장에 임명되었다. 1598년에는 올핼로우 교회의 성직록에서 아이슬립의 성직록으로 바뀌었다. 그는 또한 버크셔에 있는 위튼햄애비 교회를 맡았는데, 이 모든 승진과 높은 성직록은 그가 주목 받는 인물이었음을 보여 주고 있다.

래비스 박사와 같은 성직자가 수입을 얻을 수 있는 여러 교회를 맡은 것은, 그가 그 성직에 속한 임무들을 모두 수행할 수는 없었을 것이기 때문에, 햄프턴 궁전 회의에서 엘즈미어(Ellesmere) 대법관의 불평이 정당함을 보여 주는 한 예라 할 수 있다. 엘즈미어 대법관은 대학의 많은 학자들이 성직에 임명되어 일하기를 갈망하나 자리가 나지 않아 애태우고 있는데도, 어떤 성직자들은 자기가 감당할 수 없을 정도의 여러 성직을 한꺼번에 맡고 있는 관행에 대해 불평을 했었다. 그리고 그는 "몇몇 사람이 두 벌 또는 그 이상의 외투를 갖기 이전에, 다른 사람들이 한 벌씩이라도 갖게 되기를 희망하나이다."라고 말했었다.

엘즈미어 대법관의 발언에 대해 당시 런던의 주교로서 여러 성직을 겸임하여 그 성직 복장들로 자기 갈비뼈를 따뜻하게 하고 있던 밴크로프트(Bancroft)는 "추운 겨울을 위해서는 두 겹 옷도 필요하오!"라고 대답했다. 청교도들을 극심히 박해했던 이 고위 성직자는 극히 빈약한 저축을 제외하고는 "미덕"이 거의 없는 것으로 평판이 자자했다. 그 시대의 무례한 익살꾼들은 그에게 다음과 같은 묘비명을 만들어 주었다. "여기 밴크로프트 주교가 차가운 진흙 속에 묻혀 잠들다. 그는 그가 이미 가진 것들이 부족해서 죽었노라!"

성직 겸임이라는 유해한 관행, 즉 자신이 돌보지 않은 성도들의 십일조를 받아 챙기는 관행은 자기가 돌보지도 않고 꼴을 먹이지도 않은 양무리의 털을 깎아 파는 것과 같은 행위인데, 그것은 영국 국교회에서 여전히 이루어지고 있는 나쁜 관행들 중 하나이며, 전면적인 개혁이 요구되는 사항이다.

래비스 박사가 성경 번역자로 임명된 직후인 1604년, 영국 국교회 평의회에서는 그에게 글로스터의 주교직을 받으라는 요청을 보냈다. 글로스터의 주교직은 많은 성직자들이 바라는 성직이었다. 그리고 3년 후에는 런던의 주교직으로 옮겨졌다.

앤서니 우드의 기록에 따르면 "토머스 래비스 박사는 처음에 글로스터 교구에 임명되었는데, 이는 그의 학문적 성과와 성직자로서의 비중과 신중함 때문이었다. 그는 별로 내키지 않았지만 이 직무를 받아들였다. 그 교구가 래비스 주교와 함께 생활하는 것을 감당할 수 없는 사람들로 가득 차 있었음에도 불구하고, 그는 그들로부터 사랑을 받았으며, 좋은 평판을 얻었다."

래비스 주교는 글로스터에 있는 동안에 이러한 칭찬을 받을 만큼 직무를 잘 수행했지만, 좌천되어 런던으로 전임되었다. 런던에서는 냉혹한 밴크로프트의 직무를 넘겨받았을 뿐만 아니라, 밴크로프트의 가혹하고 까다로운 행동들도 감수해야 했다. "주교들과 책들은 옮겨 봤자 더 나아지지 않는다."라는 말은 정말 사실이다. 밴크로프트는 런던에 오자마자 비국교도인 청교도들을 괴롭히기 위해 손을 뻗쳤다. 여러 사람이 함께 있을 때, 밴크로프트는 거의 50년간 웨더스필드의 신실한 사역자였던 경건하고도 축복받은 리처드 로저스(Richard Ro- gers)에게 "주님께서는 여전히 혼들의 회심을 바라신다."라고 말했다. 당시에 에녹이라고 불릴 만큼 하나님과 동행하는 삶을 살았던 이 존경받아 마땅한 리처드 로저스의 면전에서 래비스 주교는 "예수님의 도움으로, 나는 내 교구에서 규범에 따르기로 서약하지 않은 설교자는 한 명도 남겨 놓지 않을 것입니다."라고 단언했다.

래비스 박사는 성경 번역을 다 이루지 못할 운명이었다. 그는 자신의 성경 번역 업무가 잘 시작되기도 전인 1609년 12월 14일 생을 마감했다. 그의 높은 직위와 성경 번역이 완성되기 전에 생을 마감한 점을 고려할 때, 그는 성경 번역에 있어서 다른 동료들만큼 활약하지는 못했을 것이다. 영국 국교회의 헛된 관행들을 위한 열성이 너무 과하기는 했지만, 그럼에도 그는 자신에게 마땅히 주어져야 할 존경을 받으며 생을 마감했다. 그를 기리는 기념비가 세인트폴스 대성당에 세워져 있다.

조지 애벗(George Abbot)

조지 애벗은 1562년 10월 29일 서리(Surrey) 지역 길드퍼드(Guildford)에서 출생했다. 애벗 박사는 카톨릭의 핍박이 있던 시대에 진리를 위해 고난을 겪은 경건한 부모 밑에서 성장했다. 그는 14세에 옥스퍼드 대학교의 베일리얼 대학에 입학했으며, 1583년에 연구원으로 선발되었다. 1585년에는 사제로 임명을 받아 옥스퍼드 대학교에서 인기 있는 설교자가 되었다. 1597년에는 신학 박사 학위를 취득했고, 수개월 후에는 옥스퍼드 대학교의 유니버시티 대학에서 학장으로 선출되었다. 이때부터 윌리엄 로드(William Laud) 박사와의 갈등이 시작되었다. 이 갈등은 애벗 박사가 살아 있는 동안 내내 지속되었는데, 애벗 박사는 칼빈주의자요 온건한 국교회 신자였던 반면, 로드 박사는 알미니안주의자였고 캔터베리에서 국교회 대주교에 임명되지 않았더라면 로마에서 추기경이 되었을 사람이었다.

1598년 애벗 박사는 라틴어로 된 책을 한 권 출판했는데, 인쇄를 독일에서 했다. 이듬해에 윈체스터 대학의 학장이 되었고, 1600년에는 옥스퍼드 대학교의 부총장이 되었다. 존경할 만한 직위인 옥스퍼드 대학교의 부총장에는 1603년과 1605년에도 재임명되었다. 그는 이 무렵에 성경 번역을 위한 준비 위원회에 위원으로 임명되었던 것이다.

애벗 박사는 1608년에 스코틀랜드로 가서 던버(Dunbar)의 백작 전속 사제로 있었는데, 그곳에 있는 동안 그의 신중하고 절제된 성품으로 인해 스코틀랜드에 온건하고 적합한 교회 제도를 수립하는 역할을 수행하게 되었다. 이 일은 제임스왕의 마음에 들었기에, 이후로 애벗 박사를 선대하고 서둘러서 고위 성직에 임명하도록 하는 계기로 작용했다. 그는 1609년 12월 3일 리치필드와 코번트리의 주교가 되었으며, 2개월도 지나지 않아 런던 교구의 주교로 임명되었다. 그리고는 15개월도 되지 않아 캔터베리의 대주교, 즉 영국 국교회 전체의 수장이 되었다. 말하자면 성경이 번역된 것을 한 번 보기도 전에 두 번이나 승진한 것이었다. 그는 뛰어난 설교자였음에도 목회 경험이 없었고, 대학 교수에서 교회의 최고 권위자로 급부상했던 것이다.

그가 최고위직에 올랐을 때 그의 나이는 불과 49세였으며, 통치자와 국민들로부터 가장 높은 존경을 받았다. 그는 교회의 업무든 국가의 업무든 모든 주요 업무에서 핵심적인 역할을 담당했다. 그러나 양심과 관련된 일에 있어서는, 자주 제임스왕의 뜻을 따르지 않는 자세를 보였다. 이러한 모습은 독재적 기질을 가진 제임스왕을 매우 불쾌하게 만들었을 것임이 확실하며, 수동적인 복종과 독재 왕권에 대한 노예적 굴종의 시대에 매우 드문 일이었을 것이다.

이와 관련된 일이 당시 프로테스탄트들이 실행하던 안식일의 엄격한 준수가 카톨릭 신도들에게 편견을 가지게 하고 프로테스탄트로의 회심을 방해할 것 같다는 미명하에 제임스왕이 그의 수치스러운 "체육 교서"를 발표했을 때 일어났다. 이 교서는 "막춤, 활쏘기, 장애물 뛰어넘기, 뜀틀, 5월제 놀이, 성령강림절 놀이, 모리스 댄스(영국 전통춤), 5월제 기념 기둥 세우기(꽃, 리본 등으로 장식한 기둥으로 사람들이 이 주위를 돌며 춤을 춤), 또는 이러한 것들과 함께할 수 있는 체육 활동" 등 다양한 여가 활동을 예배가 끝난 뒤에 하도록 권장하기 위해 발표된 교서였다. 이 혐오스러운 교서는 지역 교회의 모든 사역자들에게 전달되어 읽혀지도록 지시되었다. "체육 교서"의 공표는 양심적인 성직자들에게 큰 고통을 안겨 주었다. 이런 창피스러운 교서를 성도들에게 공표하는 것을 거부할 경우 성직자들이 겪게 될 어려움이 예상되었기 때문이다. 애벗 대주교는 이러한 강제적 지시를 부드럽게 반대하였으며, 공표 당시 그가 재임하던 크로이던 교회에서 이 교서가 읽혀지는 것을 금지했다. 반대가 극심했던지라 무자비한 제임스왕으로서도 결국 주일을 이교도화 하려는 불경한 시도를 포기하게 되었다.

1619년 애벗 대주교는 그의 고향인 길드퍼드에 병원을 설립하고, 자신의 사유 재산을 그 병원에 기부하는 고귀한 일을 하였다. 같은 해에 어려운 일이 그에게 닥쳤는데, 건강이 매우 손상되어 의사의 권유에 따라 건강을 회복할 목적으로 운동 삼아서 사냥을 하게 되었을 때의 일이다. 그러나 사냥은 성직자들 사이에서는 좋은 평판을 얻지 못하는 운동이었다. 애벗 대주교는 애시비 들라주(Ashby de la Zouch) 백작 소유의 영지인 그램실 공원에서 사냥감을 쫓고 있을 때, 사슴을 향해 쏜 활이 나무에 빗맞으며 튕겨나가, 거리를 두지 않고 경솔하게 가까이 가 있던 사냥몰이꾼에게 맞음으로써 그 몰이꾼이 죽고 말았다. 이 우발적인 살인은 애벗 대주교에게 큰 고통을 안겨 주었다. 애벗 대주교는 생의 남은 기간 동안 매달 한 번 그 일이 일어났던 화요일에 금식했으며, 그 몰이꾼의 가난한 미망인에게 후한 연금을 지급했다. 그 연금은 그녀에게 또 다른 위로를 선사했는데, 연금이 그녀가 잃은 남편보다 더 나은 남편을 얻게 해 줬기 때문이다. 그러나 결혼을 하지 않은 애벗 대주교에게는 자신의 슬픔을 위로해 줄 약이 없었다. 그의 남은 일생은 우울하고 흐린 나날이었다.

이 사건은 내내 애벗 대주교를 좋아하지 않는 사람들로부터 심한 공격을 받는 구실로 작용했는데, 한번은 오래 자리를 비웠다가 크로이던으로 돌아오던 중 아주 많은 여자들이 호기심에 애벗 대주교의 마차 주위에 모여들었다. 여성을 좋아하지 않는 데다 그들이 빤히 쳐다보고 있는 것이 싫었던 대주교는 "이 여자들이 왜 여기 모여든 거야!" 하고 다소 거칠게 소리를 쳤다. 그러자 어떤 노파가 "차라리 우리에게 화살을 쏘시지!"라고 외쳤다. 이 독설이 그의 마음에 박혔는데, 독설이란 흔히 총알보다 더 깊이 박히는 법이다.

애벗 대주교의 적들은 이 우발적인 살인을 그를 공격하는 데 이용했다. 그의 적들은 교회법이 "피를 흘리게 하는 자"를 영적인 성전을 세우는 자로 허락하지 않으며, 그 사건 이후로 길드퍼드에 건립한 그의 병원에 물러나 있는 대주교가 성직자로서의 역할을 수행할 능력이 없다고 주장한 것이다. 왕은 '이 우발적인 살인으로 인해 대주교가 그의 직무를 수행할 자격이 없는가?'라는 문제를 심의하기 위해 위원회를 소집했다. 대륙 본토에 있는 성직자들도 참여한 오랜 토의 끝에 대주교의 자격을 박탈해야 한다는 결론에 이르렀다. 그럼에도 불구하고 1621년 제임스왕은 왕들 중의 왕에게만 주어진 직위인 영국 국교회의 최고위자로서 겸허한 최고위 성직자인 애벗 대주교에게 완전한 용서와 사면을 공표했다. 그러자 서품식을 기다리고 있던 몇몇 새로 지명된 주교들은 애벗 대주교에게서 주교직 서품을 받는 것을 거절했으며, 그들 중 세인트데이비즈 대성당의 주교 예정자 윌리엄 로드 박사는 다른 기관으로부터 '주교직 유예'라는 불가사의한 특혜를 받았다. 그러나 솔즈베리의 주교 대버넌트(Davenant) 박사와 노리치의 주교 홀(Hall) 박사는 그들의 낙심한 대주교 애벗 박사에게서 서품을 받았다.

이 모든 일에도 불구하고 애벗 대주교는 불합리한 일에 관해 왕에게 강직하게 반대하는 성품을 바꾸지 않았다. 그 다음 해 웨일즈의 왕자인 찰스(Charles)와 에스파냐 공주 인판타(Infanta) 사이의 혼인이 제안된 것에 강력히 반대한 것이다. 민중의 호응을 얻지도 못하고, 기대할 만하지도 않은, 이 어리석은 계획은 제임스왕이 매우 원하던 바였고, 신하들의 반대를 받는 것을 제임스왕이 매우 싫어했음에도 불구하고, 애벗 박사는 1625년 제임스왕이 생을 마감할 때까지 그의 확신을 계속 지켜 나갔다.

찰스 1세가 왕위를 계승했을 때, 캔터베리 대주교인 애벗 박사에 의해 왕관이 수여되고 기름이 부어졌다. 애벗 박사는 곧 자신이 깊고 어두운 그림자 속에 있음을 깨달았다. 그의 숙적이자 배스와 웰스의 주교였던 로드 박사가 왕으로부터 오는 은총의 햇빛을 가로막았던 것이다. 우발적 살인의 문제가 그를 대적하며 그를 해임시킬 근거로서 다시 살아날 것 같았다. 결국 찰스왕은 그에게 은거 생활을 요구했고, 그는 포드에 은거했다. 1627년 왕은 다섯 명의 고위 성직자를 위원회에 임명하고, 그의 대주교직 수행을 정지시켰다. 다섯 명의 고위 성직자는 런던의 주교 몽테뉴(Mountaigne) 박사, 더럼의 주교 닐(Neile) 박사, 옥스퍼드 대학교의 주교 하우슨(Howson) 박사, 배스와 웰스의 주교 로드(Laud) 박사였다. 대주교의 임무 정지를 위한 동의서에 위원들의 서명이 필요했는데, 로드 주교보다 더 상위인 네 명의 주교들은 서명을 거절하고, 큰 거부감과 유감을 강력히 표명했다. 그러자 로드 박사는 "그렇다면 나에게 펜을 주시오!"라고 말한 후 자신의 서명란이 맨 끝에 있음에도 불구하고 맨 처음으로 서명했다. 그러자 난색을 표하던 나머지 주교들도 서명을 하게 되었다. 이 일 이후 애벗 박사는 웃은 적이 없으며, 세상에 대해 거의 죽은 사람처럼 되었다고 한다.

그러나 이듬해에 변덕스러운 찰스왕은 생각을 바꾸었다. 성탄절 즈음에 애벗 박사의 자유와 권한을 회복시켜 준 것이다. 그는 자신의 은거지에서 나와 궁전에 초대되었으며, 요크의 대주교와 도싯(Dorset)의 백작의 영접을 받아 왕 앞으로 인도되었다. 왕은 그에게 자기 손에 입 맞추도록 했고, 일주일에 두 번 있는 어전 회의에 빠지지 않도록 임무를 부과했다. 그는 상원 의원석에 앉아 5년 후 자신의 생을 마감할 때까지 더 이상 아무런 방해도 받지 않고 자신의 영적 업무를 지속하게 되었다. 그가 생을 마감했을 때, 그의 교구는 그의 화해할 수 없는 적이자 불운한 경쟁자였던 윌리엄 로드가 맡게 되었다.

짧은 은거 생활 동안 애벗 박사는 그 지역에서 좋은 평판을 얻었으며, 그의 복권은 의회에서 발휘하는 그의 영향력을 이용하려는 의도였던 것처럼 보인다. 왜냐하면 왕이 의회와 마찰을 빚었기 때문이었다. 애벗 박사는 자유당에 호의적이었고, 민심의 동요를 일으키는 메인워링(Mainwaring) 박사의 맹목적인 정치 이념에 완강하게 저항했다. 메인워링 박사는 국왕이 동의하리라는 예상하에 다음과 같이 공개적으로 주장했다. "의회의 동의 없이 법률을 제정하거나 국민에게 세금 또는 임시 상납금을 부과하려는 국왕의 의지와 명령은 지금까지 이 왕국의 모든 백성의 양심을 억압하였고, 백성들은 생명의 위협을 감수하지 않고서는 그것을 거부할 수 없었다." 말하자면 이것은 복수심에 불타올라 왕권신수설을 비난한 것이었다!

조지 애벗 박사는 영국 내란을 앞둔 어려운 시기에도 직무를 계속했으며, 1633년 8월 4일 자신의 교구였던 크로이던에서 71세의 나이로 생을 마감했다.

애벗 박사는 매우 중대한 인물이었고, 매우 자애로운 용모를 가진 사람이었으며, 그의 도덕성에 있어서 비난받을 만한 것이 없는 사람이었다. 그는 확고한 칼빈주의자였고, 철저한 영국 국교회 사람이었다. 그는 온건한 청교도에게는 너그러운 편이었지만, 청교도 열성파들은 그를 박해자라고 날카롭게 비난했다. 또한 고위 성직자들은 자기들의 대의명분에 따라 그가 불충실하다고 맹렬히 비난하기도 했다. 그는 양무리를 돌보는 목자이기 이전에 목자들을 돌보는 목자였기 때문에, 양무리를 직접 돌본 적이 없어서 사역자들이 겪는 어려움과 힘겨움에 동정심이 부족했다고 말해지기도 한다. 그는 성직자로서 직무에 태만했다는 비난에 대해 변론하는 데 어려움을 겪기는 했으나, 더 무거운 처벌을 가하는 세상 재판관들의 과중한 엄격성으로부터 그들을 보호하고 그들 자신과 직무에 대해 더 큰 부끄러움을 가지게 하기 위해 그렇게 했다고 주장했다. 그는 진실로 엄격하면서도 우울한 삶을 살았다. 그의 동생이자 솔즈베리 주교였던 로버트 애벗(Robert Abbot)과 비교하자면, "조지의 진지함은 굳은 얼굴에 있었고, 로버트의 진지함은 미소 띤 얼굴에 있었다."고 한다. 삼형제 중에서 나머지 한 형제는 런던의 시장이었다.

애벗 대주교는 뛰어난 설교자이자 위대한 신학자로 존중받았다. 앤서니 우드는 그에 대해 광범위하고 어려운 "모든 고전에 대한 학식을 갖춘 학자"라고 말했다. 그는 요나서에 관한 강의들을 출판했으며, 당시의 정치적이고 종교적인 사건들과 관련 있는 논문들도 출판했다. 그러나 킹제임스성경 번역에서 중요한 역할을 감당한 것이 최고위 성직자로서의 명성이나 높은 학문적 명성보다 훨씬 명예로운 일이었다.

리처드 이즈(Richard Eedes)

이즈 박사는 1555년경 베드퍼드셔의 세웰에서 태어났다. 이른 나이에 웨스트민스터 스쿨에 보내졌으며, 1571년 옥스퍼드 대학교 크라이스트처치 대학의 학생이 되었다. 그 뒤로 인문학에서 두 개의 학위를 받고, 신학에서 두 개의 학위를 받았으며, 1578년에는 설교자가 되어 상당한 명성을 얻었다. 1584년에는 솔즈베리 대성당에 있는 야민스터의 주교좌성당 명예참사회원이 되었다. 2년 후에는 크라이스트처치 대학의 대성당 참사회원이 되었고, 동시에 엘리자베스 여왕의 전속 사제가 되었다. 1596년에는 우스터의 주임 사제가 되었는데, 이 우스터 주임 사제가 그가 임명된 최고의 직위였다. 그는 위의 저명한 여왕의 전속 사제였듯이 여왕의 계승자인 제임스왕에게도 전속 사제가 되었다. 그는 강단 설교자로서 궁전에서 높은 존경을 받았다. 젊은 시절에는 유행을 따르는 다른 성직자들처럼 시와 희곡 쓰기에 몰입한 적이 있었으나, 앤서니 우드의 말에 따르면 성숙한 나이에 이르러서는 "성직자라는 명칭에 빛을 더해 주며 강단을 더 은혜롭게 만들어 주는, 경건하고 위엄 있는 성직자"가 되었다. 그는 여러 권의 설교집을 출판했다. 이즈 박사는 킹제임스성경 번역에 임명된 직후인 1604년 11월 19일에 우스터에서 생을 마감했다. 성경 번역을 시작하기 이전이었기 때문에 그의 자리에 다른 번역자가 임명되었다. 그러나 한 권의 위대한 번역을 수행하기 위해 연합되어 있던 유능한 학자들과 성직자들의 명단에 포함되어 있었기 때문에 훌륭한 인물의 한 사람으로 여기에 그의 이름을 남겨 두고자 한다.

자일스 톰슨(Giles Tomson)

자일스 톰슨은 런던에서 태어났다. 1571년에 옥스퍼드 대학교 유니버시티 대학에 입학했으며, 1580년에는 옥스퍼드 대학교 올소울스 대학의 연구원으로 선발되었다.

자일스 톰슨는 몇 년 후 여러 직책에 한꺼번에 임명되었는데, 그는 그에게 임명된 직책들을 모두 받아들였다. 이 시기에 그는 옥스퍼드 대학교 모들린 대학의 신학 교수로 임명되었고, 그의 친구 리처드 이즈(Richard Eedes) 박사처럼 엘리자베스 여왕의 전속 사제로 임명되었다. 그는 또한 레핑턴의 대성당 명예참사회원과, 헤리퍼드의 대성당 참사회원에 임명되었으며, 헤리퍼드셔 지역 펨브리지의 교구 주임 사제로도 임명되었다. 그는 매우 뛰어난 설교자였다. 1602년에는 박사 학위를 받았으며, 윈저의 대성당 주임 사제로 임명되었다. 그는 윈저의 대성당 주임 사제의 고유 권한으로 가터 훈장 등록관으로도 활동했다.

톰슨 박사는 성경 번역에서 자신이 담당한 역할을 수행할 때 노고를 아끼지 않고 진력했다. 이로 인해 그는 오래 살지 못했다. 1611년 6월 9일 글로스터의 주교에 임명되었으나, 이듬해 1612년 6월 14일 "그의 경건함과 학식을 아는 모든 사람들의 깊은 애도 속에서" 59세의 나이로 생을 마감했다.

사람은 꽃과 같다. 활짝 피었다는 것은 이미 시들기 시작했다는 신호이다. 자일스 톰슨 주교는 주교로 임명된 후 자신의 교구에 가 보지 못한 유일한 주교이다.

헨리 새빌(Henry Savile)

일부 독자들은 헨리 새빌이 나중에 헨리 새빌 경으로 알려진 유명한 학자와 다른 인물이 아닌가 하고 생각할지도 모른다. 그러나 이 문제는 앤서니 우드와 다른 사람들의 기록에 의하면 의심할 여지없이 동일인임이 확실해진다. 헨리 새빌은 1549년 11월 30일 요크셔의 브래들리에서 경건한 명문가 출신으로 태어났다. 그는 옥스퍼드 대학교 브래스노스 대학을 졸업했으나, 나중에 옥스퍼드 대학교 머튼 대학의 연구원이 되었다. 1570년에는 지리와 천문 관찰, 고대사의 문제들에 관한 기록인 프톨레마이오스의 저서 〈천문학 대집성〉에 관한 예배 의식문을 해석했는데, 이로 인해 헬라어 지식과 그 이전부터 강의했던 수학 지식으로 매우 젊은 나이 때부터 유명하게 되었다.

그는 29세의 나이에 자신의 학문적 지식을 향상시키기 위해 프랑스 등의 지역을 여행했는데, 이 여행을 통해 학문과 언어, 세상과 인간에 대한 지식에 높은 성취를 이룩하고 귀국했다. 귀국 후에는 엘리자베스 여왕의 개인교사가 되어 헬라어와 수학을 가르쳤다. 엘리자베스 여왕의 아버지는 헨리 8세였는데, 영국의 시인이자 전기 작가인 사우디(Southey)는 그를 딸들에게 좋은 교육을 제공한 아버지의 표본으로 제시했다. 헨리 새빌을 임명함으로써 드러난 바와 같이, 엘리자베스 여왕은 왕위에 앉은 지 20년이 넘었는데도 그러한 공부 습관을 유지하고 있었으며, 이것은 여왕의 명예를 가장 높여 주는 일이기도 했다.

헨리 새빌은 1586년에 머튼 대학의 학장이 되었다. 그는 향후 36년간

이 대학의 학장으로서 큰 명성을 얻었으며 대학의 발전에 기여했다. 10년 후인 1596년에는 이튼 대학의 학장에도 임명되었다. 이튼 대학도 그의 인도하에 명성을 얻으면서 빠른 성장을 이룩했다. 풀러가 말한 바에 따르면, "그러므로 이 능숙한 원예사는 그의 세심한 관리로 어린 나무들을 성장시키는 일과 다 자란 나무들이 열매를 맺는 일, 둘 다에서 번성을 이루어냈다." 그는 천재들을 존중하는 사람이 아니었고, 지식을 쌓기 위해 부지런히 애쓰는 근면을 더 좋아했다. 헨리 새빌은 "나에게 꾸준히 공부하는 학생을 달라. 쉬운 요령을 얻고자 했다면, 나는 뉴게이트(런던에 있는 교도소)로 갔을 것이다. 쉬운 요령은 거기에 다 있다!"라고 말하곤 했다. 그의 이런 말에서 짐작할 수 있듯이, 그는 학생들에게는 인기가 없었다. 그는 엄격하게 근면을 강요했기 때문이었다.

킹제임스성경 번역에 지명된 이후에는 행정직이든 성직이든 모든 승진 제안을 거절했으며, 왕으로부터는 기사 작위를 하사받아 헨리 새빌 경이 되었다. 비슷한 시기에 8살 난 그의 외아들이 사망했는데, 이 사별의 결과로 그는 자신의 거의 모든 재산을 학문 증진에 기부하였다. 그는 코르넬리우스 타키투스(Cornelius Tacitus)의 역사서를 번역했으며, 해설을 첨부하여 책으로 출판했다. 또 펠라기우스(Pelagius)에 반대한 브래드와딘(Bradwardin)의 저술들, 비드(Bede) 이후 영국사에 등장한 작가들, 유클리드(Euclid) 기하학의 기본원리들에 대한 강의록, 영어와 라틴어에 대한 학술 논문들을 출판했다.

새빌 경은 그리스 교부들 중에서 가장 유명한 존 크리소스톰(John Chrysostom)의 전작을 편집한 첫 번째 사람으로 우리에게 잘 알려져 있다.

그는 유럽 전역에서 크리소스톰의 자필본과 그 필사본들을 구하기 위해 큰돈을 들였다. 그는 자기가 가장 좋아하는 작가였던 크리소스톰에 대해 학식 있고 비평적인 해설을 달았을 뿐만 아니라, 킹제임스성경 번역의 동료였던 앤드루 다운스(Andrew Downes)와 존 보이스(John Bois)의 해설도 책에 실었다. 1613년에 이 책 1천 부가 출판되었으며, 그중 8권은 거대한 2절판 크기로 만들었다. 이 책을 출판하는 데 든 비용은 8천 파운드* 가 넘었으며, 종이 값만 따져도 전체 비용의 4분의 1이 들었다. 1천 부가 모두 팔리는 데 50년의 기간이 소요되었다. 그러나 새빌 경의 역작이 인쇄될 때에 파리의 베네딕트 회원들이 영국에 있는 밀정들을 통해서 이 책을 비밀리에 입수하는 데 성공했다. 그들은 밀정들을 통해 입수한 새빌 경의 책에 라틴어 번역을 덧붙이고, 또 다른 많은 자료들을 덧붙여 13권짜리 2절판 크기의 책으로 출간했다. 이런 방식으로 베네딕트 회원들이 그 대부분의 영예를 가로채갔으나, 그들에게 많은 영예가 주어지지 않은 것은 확실하다.

*(1613년 당시와 현재의 화폐 가치가 다르므로, 이를 환산해 보면, 30만 달러 이상의 금액을 투자하여 이 책을 출판한 것이다.)

새빌 경은 또한 옥스퍼드 대학교에 두 가지 교수 장학기금을 설정하고 거기에 많은 돈을 기부했다. 하나는 기하학 영역이고, 다른 하나는 천문학 영역이다. 한번은 새빌 경이 라이벌 대학교인 케임브리지 대학교 출신의 석사 브릭스(Briggs)를 만난 적이 있었다. 한 학술 토론에서 브릭스는 새빌 경이 먼저 낸 의견에 반대하면서 어떤 요점을 성공적으로 논증했다. 이 일이 품위 있는 기사인 새빌 경에게 기쁨을 주었으며, 그는 브릭스를 자신의 교수 장학기금 수혜자의 한 사람으로 지명했다. 그 외에도 새빌 경은 땅과 기부금, 도서에 있어서 옥스퍼드 대학교에 가치 있는 기여를 했다. 그가 기증한 도서들 중 많은 양이 아직도 옥스퍼드 대학교의 보들리 도서관에 남아 있다.

헨리 새빌 경은 1621년 2월 19일 72세의 나이로 이튼 대학에서 생을 마감했으며, 그 대학에 묻혔다. 그는 "모든 학자들과 성도들에게 영원히 존경받을, 학문의 보고"로 칭함을 받았다. 그의 딸 엘리자베스는 켄트의 부유한 준남작인 존 세들리 경(Sir John Sedley)과 결혼했다. 새빌의 아내인 마거리트는 체션트의 향사인 조지 데이커즈(George Dacres)의 딸이었다. 헨리 새빌은 유별나게 잘생긴 남자였기 때문에 새빌보다 자기가 더 예쁘다고 자랑할 만한 여성이 아무도 없었다고 한다.

헨리 새빌은 책벌레였으며 학업에 매우 성실했기 때문에, 그러한 책벌레들의 성향을 잘 알지 못했던 새빌 부인은 남편이 자기를 계속 무시하는 것이라고 생각했다. 그래서 한번은 토라진 목소리로 "헨리 경, 저는 제가 책이었으면 좋겠어요. 그러면 당신이 나를 좀 봐 줄까 싶네요."라고 했는데, 그러자 옆에 있던 사람이 "부인, 부인께서는 헨리 경께서 연말마다 바꾸시는 연감(1년간의 일출, 일몰, 달의 삭망, 조석, 절기 등을 기록한 책)이 되셔야 합니다."라고 퉁명스럽게 대꾸했다. 이에 부인은 조금도 불쾌해하지 않았다고 한다. 크리소스톰의 전작을 책으로 출판하기 얼마 전, 헨리 경이 아파서 누워 있을 때의 일이다. 새빌 부인은 남편에게 말하기를 "헨리 경, 만약 당신이 죽으면, 당신을 죽인 크리소스톰 전집을 불태워 버릴 거예요."라고 했는데, 이에 존 보이스(John Bois)는 당시 헨리 경의 어려운 작업에 많은 도움을 주고 있었기에 부인에게 “그렇게 되는 것은 매우 애석한 일입니다.”라고 온유하게 대답했다. 새빌 부인이 “왜요? 크리소스톰이 누군데요?”라고 묻자, 보이스는 “사도 시대 이래로 가장 훌륭한 설교를 한 설교자들 중의 한 사람입니다.”라고 열정적으로 대답했다. 이 말을 들은 새빌 부인은 “그렇다면 온 세상 사람들을 위해서 그 책은 불태우지 않겠어요.”라고 했다고 한다. 이렇게 귀중한 일화들을 통해서 우리는 누구의 아내가 되었든 아내란 자고로 동서고금을 막론하고 자기 남편에 대해 대부분 비슷한 마음을 지녔음을 추정할 수 있다.

이로써 헨리 새빌 경이 그의 시대에 가장 심오하고 가장 정확하며 가장 중요한 학자들 중 한 사람이었다는 사실과, 또 비할 데 없이 훌륭한 성경인 킹제임스성경을 번역하는 데에 출중한 역할을 담당할 만큼 자격 있고 원숙한 학자였다는 사실을 전달하려는 우리의 목적은 충분히 이루어졌다.

존 페린(John Peryn)

페린 박사는 옥스퍼드 대학교 세인트존스 대학 출신이었으며, 이곳에서 1575년에 연구원으로 선발되었다. 그는 옥스퍼드 대학교에서 “왕이 직접 임명한” 헬라어 교수가 되었으며, 그 후 크라이스트처치 대학의 대성당 참사회원으로 임명되었다. 또한 1596년에는 신학 박사 학위를 받았는데, 그가 성경 번역 위원회에 임명된 것은 서섹스의 와틀링에서 교구 사제로 부임해 있을 때였다. 그는 1615년 5월 9일 생을 마감했다. 이와 같은 간략한 소개로도 페린 박사가 킹제임스성경의 출판 준비를 하는 데 있어서 학식 있고 경건한 다른 동료 번역자들과 함께 일하며 자신의 역할을 수행하기에 적합한 인물이었음을 알 수 있으리라 생각한다.

랠프 레이븐스(Ralph Ravens)

레이븐스 박사는 이스턴매그너의 교구 사제였다. 그는 1595년에 신학 박사 학위를 받았고, 1616년에 생을 마감했다. 그는 무슨 이유에선지 왕이 임명한 위원회에서 활동하지 않았는데, 이 레이븐스 박사와 번역이 시작되기 전에 생을 마감한 이즈 박사의 자리를 애글리언비(Aglionby) 박사와 허튼(Hutten) 박사가 대신한 듯하다.

존 하머(John Harmar)

존 하머 박사는 버크셔의 뉴베리 출신이다. 그는 윈체스터의 윌리엄 드 위컴 스쿨과, 옥스퍼드 대학교 세인트메리스 대학에서 교육을 받았는데, 둘 다 윌리엄 드 위컴(William de Wykeham)이 설립한 기관이다. 두 기관의 건물들에는 "습관이 사람을 만든다. 윌리엄 드 위컴이 말했다."라는 좌우명이 새겨져 있다. 존 하머는 1574년에 세인트메리스 대학에서 연구원으로 선발되었으며, 1585년에는 "왕이 직접 임명한" 헬라어 교수가 되었고, 동시에 성직에도 임명되었다. 그는 9년간 윈체스터 스쿨의 교장으로 재임했으며, 세인트메리스 대학에서는 17년간 학장으로 재임했다. 그는 1605년에 신학 박사 학위를 받았으며, 1613년에 생을 마감했다. 그는 위컴이 설립한 학교와 대학의 도서관에 많은 후원을 했다. 그의 승진은 레스터(Leicester)의 백작이 강력한 후원자가 되어 준 것에 힘입은 것이었다. 하머 박사는 레스터의 백작과 파리에 동행했으며, 그곳에서 소르본의 카톨릭 박사들과 여러 차례 토론회를 가졌다. 하머 박사는 당시 인문학의 거인들인 이름난 학자들 중에서도 단연 으뜸이었다. 그는 여러 권의 학술 논물을 출판했는데, 그중에는 크리소스톰의 저술을 라틴어로 번역한 것과 베자(Beza)의 프랑스어 설교를 영어로 번역한 것도 있었다. 이러한 번역을 통해서 그는 자기 자신이 칼빈주의자라는 것뿐만 아니라, 뛰어난 문체를 구사하는 문필의 대가라는 것과 번역이라는 어려운 기술에 능통한 학자라는 것을 보여 주었다. 앤서니 우드에 따르면 그는 "매우 뛰어난 라틴어 학자이자 헬라어 학자이며 또 성직자"였는데, 또 매우 견고한 신학자로도 늘 인정을 받았다. 그는 교부들과 학자들에 대한 지식에 있어서 감탄할 만큼 뛰어난 학자였으며, 젊은 시절에는 아리스토텔레스파의 학자였다. 그는 킹제임스성경의 번역에 있어서도, 과거와 현재와 미래의 수많은 사람들에게 현재 우리가 읽고 있는 영어 성경을 안겨 준 번역자들 중 한 사람으로서 "번역의 주역"으로 활동했다.

다섯 번째 번역조

다섯 번째 번역조는 일곱 명의 성직자로 구성되어 있었으며, 웨스트민스터 대성당에서 번역 회의를 했다. 이 번역조가 담당한 부분은 신약의 서신서들이다.

윌리엄 발로우(William Barlow)

윌리엄 발로우 박사는 다섯 번째 번역조의 책임자였으며, 임명 당시 체스터의 주임 사제였다. 그는 랭커셔의 발로우에 있는 전통 있고 존경받는 가문 출신으로, 케임브리지 대학교 트리니티 홀에서 수학했다. 1584년에 졸업한 후 1587년 인문학 석사가 되었으며, 1590년에는 트리니티 홀의 연구원이 되었다. 7년 후 대주교인 휘트기프트(Whitgift)가 그를 켄트에 있는 오핑턴의 주임 사제라는 한직에 임명했다. 당시에는 왕에게 아첨하는 신하들이 많았는데, 휘트기프트는 그런 성직자들 중 한 사람으로서, 승진하는 기술을 익혀 성공한 사람이었다.

1600년 에섹스의 백작 로버트 데버루(Robert Devereux)가 반역죄로 참수되었을 때, 발로우 박사는 런던의 세인트폴스 크로스(세인트폴스 대성당에 있는 노천 설교단)에서 이 사건에 대해 설교했다. 이로 인해 발로우 박사는 주목받는 인물이 되었다. 1601년 치스윅의 성당 참사회원직이 그에게 부여되었는데, 그는 링컨의 주교가 될 때까지 그 직책에 있었다.

1603년에는 웨스트민스터 대성당의 주교좌성당 명예참사회원과 체스터의 대성당 주임 사제에 동시에 임명되었다. 체스터의 대성당 주임 사제직은 원래 임시직으로 임명된 것이었지만, 발로우 박사는 그의 생을 마감할 때까지 계속 재임했다.

제임스왕이 영국의 왕위에 앉은 직후 햄프턴 궁전 회의가 열렸을 때, 이미 언급한 바와 같이, 제임스왕은 청교도들을 대표할 네 명의 성직자를 독단적으로 결정하여 소환했고, 동시에 청교도 대표들과 맞서게 하기 위해 많은 수의 국교회 주교들과 성직자들을 함께 소집했었다. 발로우 박사도 소집된 국교회 성직자들 중 한 사람이었으며, 그들 모두가 제임스왕에 의해 임무를 부여받았다. 이후의 회의에서 청교도 대표들은 국교회의 교리, 규범, 경배에서 어떠한 변화를 원하는지 말하도록 허락되었다. 그러나 그들이 무엇을 말하든지 즉시 제임스왕과 그의 추종자들은 가장 공격적인 방식으로 위협하고 호통을 쳤다.

제임스왕 시절에는 제임스왕의 통치를 그 앞 시대인 엘리자베스 여왕의 통치와 비교하면서, 제임스왕을 "제임스 여왕"이라고 부르고, 걸출한 통치자였던 엘리자베스 여왕을 "엘리자베스 왕"이라고 부르는 것이 일반적이었다. 제임스왕의 가정교사였던 뷰캐넌(Buchanan)이 어떻게 제임스왕을 그토록 융통성 없는 왕으로 키웠느냐는 질문을 받았을 때, 뷰캐넌은 괴로워하면서 그것이 그의 최상이라고 말했었다!

아첨꾼들의 아첨만큼이나, 자기 자신을 자칭 "타의 추종을 불허하는 신학과 통치의 대가"라고 자부하고 있던 제임스왕은 햄프턴 궁전 회의 동안 자기 능력을 마음껏 발휘했다. 청교도들의 청원을 격노하며 짓밟음으로써, 청교도 대표들에게는 오만하고 왕에게는 굽실거리기를 반복하는 자신의 성직자들에게 기쁨을 선사했고, 그들로 하여금 무릎을 꿇고 그러한 왕을 위해 쉴 새 없이 하나님의 축복을 기원하도록 만든 것이다. 그들이 기쁨으로 그들의 경계심을 던져 버렸을 때, 기도서 없이 기도하는 인상적인 전례를 남기게 되었다.

이 궁전 회의에 관한 주된 설명이 체스터의 대성당 주임 사제인 발로우 박사에 의해 기록된 것이기 때문에 여기서 좀 더 자세히 언급하고자 한다. 청교도 대표들이 이 회의 기록에서 유감스러운 모습을 남기게 된 것은 전혀 이상한 것이 아니다. 왕의 오만함으로 재갈이 물리고 성직자들의 폭언에 질식되어, 청교도 대표들은 어쩔 수가 없는 상황이었다. 사실 제임스왕은 청교도들의 청원을 들어 준다는 미명하에, 자신의 가면을 벗어 던지고 자신의 진면목, 즉 자신이 교회 개혁의 결정적인 대적임을 드러낼 기회를 얻기 위해 청교도 대표자들을 소환한 것일 뿐이었다. 발로우 박사의 기록은 확실히 청교도들의 제안에 대해 매우 비우호적인 자세로 기록되었다. 만약 이 회의를 기록한 펜이 청교도들의 손에 있었다면, 의심할 바 없이 회의 기록의 전반적인 양상이 사뭇 달랐을 것이다. 발로우 박사의 기록에 따르면 왕과 왕의 아첨하는 측근 성직자들의 기분은 버틀러(Butler)라는 케임브리지 대학교의 학자가 청교도에 대해 언급했던 말이 거론되면서 매우 즐거운 상태였다. 버틀러는 "청교도는 자기 지식으로 인해 신경이 날카로워진 프로테스탄트"라고 말했었다고 한다.

왕과 주교관을 쓴 왕의 조언자들의 계획은 로마카톨릭이 있던 자리에 영국식 카톨릭, 즉 영국 국교회를 놓는 것이었다. 그들의 생각은 몇 년 후 세인트메리스 교회에서 있었던 한 설교에서 분명히 드러났다. "올림픽 경기에 빗대어 말하자면 그는 목표점에 가장 가까이 전차를 몰고 갈 수 있는 우승 후보자였던 것입니다. 아무도 그의 경주를 방해하거나 멈추게 해서는 안 되는 것입니다. 그러므로 그는 그의 강론에서 거의 카톨릭처럼 강론할 수 있으며, 그럼에도 불구하고 그는 그다지 카톨릭적이지는 않습니다. 그는 여러분에게 적합한 사람입니다!"

우리가 이미 언급한 바와 같이 이 회의에서 거의 유일하게 수용된 청교도들의 요구 사항은 다른 모든 것들보다 훨씬 가치 있는 것이었다. 제임스왕은 새로운 성경 번역에 대한 레이놀즈 박사의 발의 내용에 동의했으며, 영국에서 가장 능력 있는 성직자들이 참여하도록 허락했다. 발로우 박사도 예비 활동에 적극적으로 참여했다. 그는 실제의 성경 번역 작업에도 번역자로 임명되었으며, 빈틈없이 준비된 학자로서 성경 번역 작업에서도 뛰어난 역량을 발휘했다.

런던 동부 교구에 있는 세인트던스턴스 교회 주임 사제였던 발로우 박사는 성경 번역 작업이 진행 중이던 1605년에 로체스터의 주교가 되었다. 1608년에는 더 부유한 교구인 링컨으로 승진 발령되었으며, 거기서 생을 마감할 때까지 고위 성직자로서 재임하게 된다. 그는 런던의 주교직을 얻으리라 예상되던 시기에 생을 마감했다. 그는 1613년 벅던의 주교궁에서 생을 마감하고 그곳에 묻혔다.

윌리엄 발로우 박사는 몇 권의 책과 소책자를 출판했는데, 그가 출판한 책들은 그가 당시 학식 있는 성직자들 사이에서 결코 뒤떨어지지 않는 실력을 갖춘 학자였음을 증명해 준다.

존 스펜서(John Spencer)

매우 학식 있는 학자였던 존 스펜서는 서퍽 지역 출신이었다. 1577년에 옥스퍼드 대학교 코퍼스크리스티 대학을 졸업했으며, 19세의 나이로 코퍼스크리스티 대학의 헬라어 강사로 선발되었다. 레이놀즈 박사가 존 스펜서의 선발을 열심히 반대했지만 그가 선발되는 것을 막지는 못했다. 레이놀즈 박사가 반대한 이유는 스펜서의 나이가 젊다는 것과, 그를 임명하는 것이 규정에 저촉되기 때문이었다. 아마도 이러한 반대는 스펜서가 대학생으로 있던 시절에 카톨릭도 반대하고 청교도 신앙도 반대하는 모임에 연루되어 있었기 때문인 듯하다. 1579년에 그는 코퍼스크리스티 대학의 연구원으로 선발되었다.

스펜서는 연구원 겸 학생이었으며, 사라비아와 새빌, 레이놀즈처럼 리처드 후커(Richard Hooker)와 친밀한 관계였다. 리처드 후커는 〈교회 조직의 법률들에 관하여〉라는 유명한 책의 저자였다. 후커는 이 책을 준비하면서 스펜서와 지속적으로 상의했고, 스펜서의 각별한 도움을 받았으며, 이 책의 일부분이 스펜서의 작품이라고 전해지기도 한다. 이 책은 후커 사후에 스펜서가 편집했는데, 이 책은 오늘날까지도 국교회라는 종파의 성벽에 피어 있는 한 송이 꽃이다. 그러나 이 책이 주장하는 바는 단순명쾌하다. 그래서 제임스 베넷(James Benett) 박사는 다음과 같이 기술했다. "이 책이 주장하는 내용의 논리적 구조는 다곤의 사원과 유사하다. 전체 내용은 두 개의 큰 기둥 위에 놓여 있고, 그 두 개의 기둥이 튼튼하게 유지되는 한 그 모든 무게를 지탱할 수 있을 것이다. 첫 번째 기둥은 '교회가 다른 사회 조직들처럼 스스로를 잘 유지하기 위한 법을 만들 능력이 있다'는 것이고, 두 번째 기둥은 '성경이 침묵하는 부분에서는 인간적 권위가 개입할 수도 있다.'는 것이다. 그러나 어떤 삼손 같은 인물이 나타나 이 두 개의 기둥을 흔들면, 자리에 앉아 있던 필리스티아인들의 군주들과 몰려 있던 군중들처럼, 이 책의 전체 체계는 모두 한 덩어리의 폐허가 되고 말 것이다. 후커의 이 두 원리와 주장들이 반증될 수 없는 것일지도 모르겠다. 그러나 만일 청교도들이 예수 그리스도께서 교회의 구조를 만드셨기 때문에 교회가 다른 사회 조직과 다르다는 사실을 보여 주고, 성경이 침묵하는 부분, 즉 성경이 권장하지도 금하지도 않는 부분에서는 인간 조직이 성경의 권위에 개입할 권리가 없으므로 관여하지 않은 채로 남겨 두어야 한다는 것을 보여 줄 수만 있다면, 후커의 체계가 지구가 코끼리 등 위에 있으며 그 코끼리는 큰 거북의 등 위에 있고 그 거북은 공중에 떠 있다고 말하는 동양 철학자들보다 더 안정된 체계라고 말할 수는 없게 될 것이다."

1600년 후커가 생을 마감한 후, 그의 논문은 출판을 위해 그 연구의 동료이자 조력자였던 스펜서 박사에게 넘겨졌다. 스펜서 박사는 고인의 작품을 출판할 책임자로서의 임무에 매우 주의를 기울였다. 성경 번역의 임무가 주어져 그 일에 집중하게 되면서, 후커를 열광적으로 존경하는 한 젊은이에게 출판 실무를 맡겼을 때에도 출판 책임자로서의 역할은 계속 유지했다. 후커의 논문은 스펜서 박사가 생을 마감할 때까지도 출판되지 못하여 다른 사람의 손에 넘겨졌다.

1580년 스펜서 박사는 코퍼스크리스티 대학에서 인문학부의 학장이 되었고, 동년에 성직자로 임명되었다. 그는 인기 있는 설교자가 되었으며, 나중에는 제임스왕의 전속 사제 중 하나가 되었다.

스펜서 박사의 아내와 처남들은 후커 문하의 학생이었으며, 처남들인 조지 크랜머(George Cranmer)와 윌리엄 크랜머(William Cranmer)는 외교관이 되었다. 이들은 자기들의 선생님인 후커의 열렬한 지원자였다. 스펜서 박사의 아내는 캔터베리의 대주교였던 토머스 크랜머(Thomas Cranmer)의 큰 조카였는데, 토머스 크랜머는 그의 프로테스탄트 신앙을 이유로 메리 여왕이 화형에 처한 인물이었다.

1589년 스펜서 박사는 에섹스 지역 앨벌리의 교구 사제가 되었는데, 1592년에 브록스본의 교구 사제를 맡게 되어 앨벌리의 교구 사제직을 사임했다. 1599년에는 런던 뉴게이트 너머에 있는 세인트세펄커스 교회의 주임 사제가 되었다. 1607년 레이놀즈(Reynolds) 박사가 생을 마감하자 스펜서 박사가 코퍼스크리스티 대학의 학장이 되었다. 1612년에는 런던 세인트폴스 대성당의 성직자로 임명받아 성직록을 받는 성직자석에 앉게 되었다. 그는 1614년 4월 3일 생을 마감했으며, 당시 나이 55세였다.

학자로서 스펜서 박사가 갖추고 있던 그의 실력으로 볼 때, 킹제임스 성경 번역 작업에서 훌륭한 조력자였다는 사실에는 의심의 여지가 없다. 우리에게 전해진 스펜서 박사의 저술은 세인트폴스 크로스(세인트폴스 대성당에 있는 노천 설교단)에서 설교한 설교 모음집 한 권뿐이다. 옥스퍼드 대학교 시문학 교수인 케블(Keble)은 그의 설교 모음집에 관하여 언급하면서 "그의 설교는 감동시키는 힘과 인상적인 표현으로 가득 차 있다."라고 했다.

로저 펜튼(Roger Fenton)

로저 펜튼은 랭커셔 출신이다. 그는 케임브리지 대학교 펨브로크 홀의 연구원이었다. 1601년 임명된 런던 월브루크의 세인트스티븐스 교회에서 다년간 "근면하고, 경건하고, 학구적이며, 사랑받는 성직자"로 일했다. 그는 또한 엘리자베스 여왕에 의해 시레호그의 세인트베니츠 교회 주임 사제로 임명되었으며, 1606년에는 에섹스 지역 치그웰의 교구 사제로 임명되어 세인트베니츠 교회의 주임 사제직을 사임했다. 이후 그는 앤드루스(Andrews) 주교의 자리를 대신하여 세인트폴스 대성당 팬크러스의 주교좌성당 명예참사회원이 되었으며, 그곳에서 세인트폴스 대성당의 내사원장으로 일했다. 뉴코트(Newcourt)가 말한 바와 같이, 팬크러스의 주교좌성당 명예참사회원 직책은 팬크러스의 주임 사제가 된 것을 의미한다. 그는 1616년 1월 16일 50세의 나이로 생을 마감했으며, 세인트스티븐스 교회의 성찬대(주의 만찬식을 진행하는 탁자) 밑에 안치되었다. 세인트스티븐스 교회에는 그의 교구민들이 그를 기념하여 세운 기념비가 있으며, 거기에 높은 경건함과 뛰어난 학식을 갖추었던 목자 펜튼에 대한 그들의 사랑이 표현된 비문이 새겨져 있다.

펜튼의 주요 저술은 고리대금업에 반대하는 확고한 논문이었다. 그의 가장 친한 친구는 런던의 사제였던 니컬러스 펠튼(Nicholas Felton) 박사였다. 다음은 토머스 풀러에 의해 기록된 이 두 사람에 관한 일화이다. "한번은 나의 부친이 펜튼 박사를 방문했다. 그런데 펜튼 박사는 교제를 나눌 수 없어서 미안하다고 사과를 하며 '풀러 선생님, 지금 이 순간에도 죽음을 알리는 종소리가 울리는 것을 들어 보십시오. 지금 죽어가고 있는 저의 사랑하는 친구 펠튼 박사를 위해서 저는 제가 하던 일을 계속해야 합니다. 저희 두 사람이 건강하던 시절에 서로 약속하기를, 우리 둘 중에 나중에 죽는 사람이 먼저 죽는 사람의 장례식 설교를 맡기로 했었습니다.'라고 말했다고 한다. 그런데 아주 이상한 일이 일어났다. 하나님께서 죽음의 문제에 직면한 이 두 사람에게, 마치 야곱이 그의 손자들을 축복할 때 손을 엇갈려 축복한 것과 같이, 살아 있는 자에게는 죽음을, 죽어가는 자에게는 생명을 부여하신 것이다. 그래서 펠튼 박사는 건강이 회복되었고, 친구인 펜튼 박사의 마지막 직책을 대신 수행했을 뿐만 아니라, 펜튼 박사보다 10년을 더 오래 살고 엘리의 주교로 생을 마감했다." 그 장례식 설교에 의하면, 펜튼 박사는 세인트스티븐스 교회의 후원자였던 부유한 길드 조직 그로서스 컴퍼니(Grocer's Company)의 지원을 받지 않았던 것 같다. 그는 법률가를 양성하는 대학인 그레이스 법학원(Grey's Inn)의 설교자이기도 했다.

펠튼 주교는 펜튼 박사에 대해 "대학 성직자의 심연 속으로 뛰어드는 데 있어서 그 누구도 펜튼 박사보다 더 적합할 수는 없었다. 펜튼 박사는 일찍부터 케임브리지 대학교에서 직책을 맡았고, 많은 어려움을 겪었다. 그러나 그는 성장했고, 그래서 열매를 내게 되었다.

한 사람을 제외한다면, 펜튼 박사는 펨브로크 홀이 배출한 가장 뛰어난 학자이다." 이름이 거론되지 않은 그 한 사람은 의심할 바 없이 위대한 주교였던 랜슬럿 앤드루스 박사이다. 펜튼 박사는 주로 앉아서 일하는 직업상의 특성 때문에 건강에 심각한 어려움을 겪었다. 펜튼 박사가 아플 때 한 친구가 펜튼 박사에게 "자네의 연약함과 질병은 오직 믿음과 인내를 위한 시험일 걸세."라고 말하자, 펜튼 박사는 "아니라네. 나의 연약함과 질병은 나에게 시험이 아니고, 나를 바로잡아 주시는 것이라네."라고 대답했다고 한다.

랠프 허친슨(Ralph Hutchinson)

허친슨 박사는 1590년에 옥스퍼드 대학교 세인트존스 대학의 학장으로 임명되었으며, 번역자로 임명될 당시에도 세인트존스 대학의 학장직을 수행하고 있었다. 이것이 우리가 허친슨 박사를 학식 있는 학자로서 언급할 수 있는 유일한 정보이다. 우리는 그의 출생 연도나 출생지뿐만 아니라, 사망에 관한 어떠한 정보도 얻을 수 없다.

윌리엄 대킨스(William Dakins)

윌리엄 대킨스는 웨스트민스터 스쿨에서 양육받았고, 1587년 5월 8일 케임브리지 대학교의 트리니티 대학에 입학했다. 그는 1593년에 연구원으로 선발되었으며, 1601년에 신학 학사 학위를 받았다. 다음 해인 1602년에 헬라어 강사로 임명되었고, 1604년에 런던의 그레셤 대학에서 신학 교수로 임명되었다.

윌리엄 대킨스가 그레셤 대학의 신학 교수로 임명된 것은 케임브리지 대학교의 총장과 부총장, 여러 귀족들의 추천뿐만 아니라, 국왕의 직접적인 추천에 의한 것이기도 하였다. 런던의 시장과 시의회 의원들에게 보낸 편지에서, 국왕은 대킨스 교수를 "고전적인 신학자"로 칭했는데, 이 표현은 그의 나이에 대한 암시적 표현이 아니고, 그의 성품을 그대로 표현한 것이었다. 이 임명은 성경 번역에 있어서 그가 담당한 역할을 잘 수행한 것에 대한 보상으로 주어진 것이다. 그는 성경 번역을 맡기기에 각별히 적합한 사람으로 간주되었는데, 그것은 "성경 원어에 대한 그의 능력"에 기인한 것이다.

1606년 그는 옥스퍼드 대학교 트리니티 대학의 학장으로 선발되었으나, 불과 몇 개월 후인 9월 2일에 40세도 채 되지 않은 나이로 생을 마감하였다. 그는 자기 인생의 한창 때, 특히 우리가 그에게 관심을 가지게 된 이유인 성경 번역이 진행되던 도중에 생을 마감했지만, 그러한 관심과 중요성을 가지고 있는 성경 번역의 자격 요건에 관한 한, 확실한 자격을 갖춘 명망 있는 신학자였다.

마이클 래빗(Michael Rabbet)

마이클 래빗에 관하여 우리가 말할 수 있는 것은 그가 신학 학사 학위를 받았다는 것과 런던 포스터 레인의 세인트베다스트 교회의 주임 사제였다는 것이 전부이다.

샌더슨(Sanderson)

샌더슨에 대해서는 확실한 정보 없이 오직 성만 확인된다. 앤서니 우드(Anthony Wood)는 1606년 로체스터의 부주교로 임명된 옥스퍼드 대학교 베일리얼 대학의 토머스 샌더슨(Thomas Sanderson) 신학 박사를 언급하지만, 그가 성경 번역자들 중의 한 사람이었는지는 쓰지 않았다.

여섯 번째 번역조

제임스왕의 성경 번역자들 중에서 여섯 번째이자 마지막 번역조는 케임브리지 대학교에서 모임을 가졌다. 이 번역자들에게는 모든 외경이 할당되었다. 외경은 결코 정경과 같은 수준에 놓인 적이 없었지만, 당시에는 오늘날보다 외경이 더 자주 읽히고 언급되었다.

외경을 번역한 이 번역조도 다른 번역조만큼이나 정경의 개정 작업에 많은 관여를 하였다.

외경이 정경, 즉 영감받은 성경으로 인정받지 못한 이유는 다음과 같다.

1. 외경들은 단 한 권도 히브리어로 기록되지 않았다. 히브리어는 구약 성경의 영감받은 기록자들과 시인들에 의해 사용된 유일한 언어이다.

2. 외경의 기록자들 중에서 단 한 사람도 자신이 영감을 받았다고 주장하지 않았다.

3. 외경들은 유대 교회에서 신성한 책으로 인식된 적이 없다. 그러므로 예수 그리스도께서도 인정하신 적이 없다.

4. 외경들은 초기 400년간 그리스도인들의 교회에서 성경들 사이에 놓이도록 허락된 적이 없다.

5. 외경들은 정경에 위배되는 진술을 포함할 뿐만 아니라, 자체적인 모순 구절도 가지고 있다. 예를 들어 마카비전후서에서는 안토니우스 에피파네스가 서로 다른 세 장소에서 각각 한 번씩 세 번 죽는다.

6. 외경들은 성경에 위배되는 다른 교리를 불러일으킨다. 예를 들면

"죽은 자들을 위한 기도"나 "무죄한 완전성"과 같은 것들이다.

7. 외경들은 거짓말, 자살, 암살, 마술적 주문과 같은 부도덕적인 행위들을 가르친다.

현존하는 외경들은 라틴어로 기록된 한 권을 제외하고는 모두 헬라어로 기록되어 있으며, 위에 적은 이유들로 인해 동양의 관습, 언어, 가치관, 역사 등을 알려 주는 고대 문헌으로서만 가치를 인정할 수 있다.

존 듀포트(John Duport)

존 듀포트는 여섯 번째 번역조의 번역 책임자였다. 당시 그는 케임브리지 대학교의 지저스 대학 학장이었고, 엘리의 주교좌성당 명예참사회원이었다. 그는 토머스 듀포트(Thomas Duport) 향사의 아들로, 레스터셔의 셉스헤드에서 태어났다. 그는 케임브리지 대학교의 지저스 대학에서 수학했으며, 그곳 연구원이 되었고, 후에 학장이 되었다.

존 듀포트는 거의 30년간 케임브리지 대학교의 지저스 대학 학장으로 재직하면서 큰 존경을 받았다. 그는 지저스 대학에 많은 기부를 한 후원자이기도 하다. 1580년 그는 케임브리지 대학교의 대의원이 되었으며, 같은 해에 케임브리지셔 지역 할튼의 교구 사제가 되었다. 그는 나중에 이 교구의 사제록을 지저스 대학에 영구 증여하였다. 그는 곧이어 그의 고향인 보스워스와 메드번의 교구 사제가 되었다. 1583년에 그는 한직인 미들섹스 지역 풀햄의 교구 사제가 되었다. 영국 국교회에서 성직자의 교구가 자주 바뀌는 것은 개인적 번영의 신호이다. 교구의 이동은 항상 적은 성직록에서 더 많은 성직록을 받는 쪽으로 변화되는 것이며, 승진으로 간주되었다.

거의 모든 교구가 어떤 부유한 개인이나, 교회, 국가, 대학교, 기업의 고위자에게 증여권이 있다. 교구의 성직자가 공석이 되면, 증여권을 가진 사람이 원하는 성직자를 추천하게 되는 것이다. 그러므로 어떤 성직자가 빈번히 더 좋은 교구로 이동하는 것은 매우 영향력 있는 친구가 있거나, 매우 높은 존경을 받고 있다는 것을 보여 주는 것이 된다. 물론 상황이 항상 그러한 것은 아니다. 왜냐하면 교구의 증여권이라는 것이 대부분 단순히 토지를 매매하는 것과 같은 것이기 때문이다. 공석인 교회의 사제직을 한 성직자에게 증여할 권리를 가지고 있는 사람은 "후원자"라 불리고, 사제직을 증여할 권리는 "성직자 추천권"이라 불린다. 이 성직자 추천권은 다른 권리나 재산처럼 사고, 팔고, 증여하고, 상속할 수 있다. 그러므로 성직자 추천권이 이교도나 불신자의 소유가 될 수도 있으며, 따라서 소유주가 공석이 될 교구에 임명할 성직자를 선택할 때 그 자격에 거의 제한을 두지 않고 무자격자를 선택할 가능성도 있는 것이다. 그래서 만약 주교가 추천된 성직자가 그 교구에 임명되는 것을 거절한다면, 추천권을 가진 사람이 추천된 성직자의 적합성에 대하여 매우 완강한 주장을 하지 않는 한, 임명이 거절된 그 성직자는 큰 곤란에 처하게 될 것이다.

반면에 일부 교구를 제외하고는 임명된 성직자를 부양할 십일조를 내는 그 교구의 양무리들은 이 문제에 관여할 수가 없다. 양무리들이 그들의 살코기와 양털로 인해 큰 사랑을 받는 것일 수도 있지만, 그래도 어쨌든 그들에게는 그들을 인도할 목자가 필요한 것이다. 만약 양무리들이 자기 교구의 사제가 제공한 초장이 싫어서 다른 초장에서 먹으려고 목장 울타리를 넘어간다 할지라도, 그곳에서 그들은 여전히 연회를 좋아하는 교구 주임 사제나, 여우 사냥이나 다니는 교구 주임 사제, 아니면 친카톨릭 퓨지주의 성직자에게 십일조와 헌금을 내야 하는 것이다. 이러한 교회 체제하에서 영국 국교회가 더 철저하게 부패하지 않는 것은 매우 놀라운 일이라 할 수 있다. 또한 자유로운 국가라는 자부심이 가장 큰 국가인 영국이 19세기의 중반인 오늘날까지 그러한 교회 조직 체계를 유지해 왔다는 사실도 놀라운 일이 아닐 수 없다.

듀포트 박사는 그의 빠른 승진에도 불구하고, 지저스 대학과의 관계는 계속 유지했다. 1590년 학장이 된 이래로 4번에 걸쳐 부총장에 선출되었다. 부총장은 상주 직원으로는 케임브리지 대학교에서 가장 높은 직책이다. 1585년에는 런던 세인트폴스 대성당의 음악 감독이 되었고, 1609년에는 엘리 성당의 주교좌성당 명예참사회원이 되었다.

존 듀포트 박사는 엘리의 주교 리처드 콕스(Richard Cox)의 딸인 레이철(Rachel)과 결혼했으며, 둘 사이에 한 아들을 두었다. 그 아들이 바로 걸출한 헬라어 학자이자 성직자였던 신학 박사 제임스 듀포트(James Duport)이다. 존 듀포트 박사는 충분히 존경받을 만한 자격을 갖춘 "당대의 성직자"로서 존경을 받았으며, 1617년 성탄절 즈음에 생을 마감했다. 그는 이 세대에서도 영어 성경 번역을 담당한 학자로서 존경받아야 할 인물이다.

윌리엄 브레인스웨이트(William Braithwaite)

브레인스웨이트 박사에 관해서는 신원은 확인했으나 매우 적은 정보만을 얻을 수 있었다. 그는 평생 케임브리지 대학교에서만 활동했다. 처음에는 케임브리지 대학교 클레어 홀에 학생으로 입학했으며, 그 후 케임브리지 대학교의 이매뉴얼 대학에 연구원이 되었다. 나중에는 곤빌앤드케이스 대학의 학장이 되었다. 그가 번역자로 임명되었을 때에는 곤빌앤드케이스 대학의 학장으로 있을 때였다. 그는 이 대학의 후원자였고, 1619년에는 케임브리지 대학교의 부총장이 되었다. 이 정도의 정보만으로도 브레인스웨이트 박사가 경건하고, 학식 있으며, 존경받을 만한 성직자였다는 것을 알 수 있을 것이다.

제러마이어 래드클리프(Jeremiah Radcliffe)

래드클리프 박사는 케임브리지 대학교의 트리니티 대학 선임 연구원이었다. 1588년에 이브셤의 교구 사제가 되었으며, 2년 후에 오웰의 교구 주임 사제가 되었다. 1597년에는 트리니티 대학의 부학장이 되었고, 1600년에는 케임브리지 대학교와 옥스퍼드 대학교에서 신학 박사가 되었다. 래드클리프 박사도 학자와 성직자라는 두 가지 직업을 동시에 가지고 있었다. 그는 1612년에 생을 마감했는데, 그의 출생에 대한 정보가 없어서 사망 당시의 나이는 확인할 수 없다.

새뮤얼 워드(Samuel Ward)

새뮤얼 워드는 "위대한 학자"라 불린 성직자였다. 그는 더럼 지역의 비숍스미들햄 출신이다. 그의 부친은 오래된 집보다 더 고풍스런 신사였다. 워드는 케임브리지 대학교에서 수학했다. 처음에는 크라이스트 대학의 학생이었고, 다음에는 이매뉴얼 대학의 연구원이 되었으며, 나중에는 시드니서섹스 대학의 학장이 되었다.

1609년에 시작한 시드니서섹스의 학장직에서 그는 유능하게 직무를 수행했으며, 34년 후 그가 생을 마감할 때까지 명예롭게 직무를 유지했다. 그가 학장직을 수행하는 동안 시드니서섹스 대학은 크게 번영했다. 그의 임기 동안에 네 종류의 연구원 장학 기금이 새로이 설립되었으며, 모든 장학 기금이 확대되었다. 그리고 예배당과 새로운 건물들이 건축되었다. 그는 행동의 신중함과 학장 직무 수행의 철저함에 있어서 매우 뛰어난 인물이었다.

새뮤얼 워드는 왕이 총애하는 몬터규(Montague) 주교의 전속 사제로 임명되었고, 1615년에 몬터규 주교에 의해 톤턴의 부주교로 임명되었으며, 동시에 웰스의 주교좌성당 명예참사회원이 되었다. 왕은 그 다음 해에 그에게 하트퍼드셔에 있는 머치먼든의 교구 사제관(司祭館)을 하사하고, 왕의 전속 사제들 중의 하나로 임명했다. 1617년에는 요크의 대주교인 토비 매튜(Toby Mathew) 박사가 그를 요크 대성당에 있는 앰플퍼드의 주교좌성당 명예참사회원에 임명하였다. 이 명예참사회원의 직분은 평생 직으로 임명된 것이었다.

1618년 제임스왕은 워드 박사를 칼턴(Carleton) 주교, 대버넌트(Davenant) 주교, 홀(Hall) 주교와 함께 네덜란드에서 개최된 도르트 교회 회의에 파견한다. 이 유명한 회의에서 영국 국교회를 가장 잘 대표할 수 있는 유능하고 적합한 네 명의 성직자 중의 하나로 선발된 것이다. 얼마 후에 홀 주교는 홀 주교 자신의 요청에 따라 건강상의 이유로 본국으로 복귀하고, 대신에 캔터베리의 대주교 애벗(Abbot) 박사의 전속 사제이자 영향력 있는 성직자였던 고우드(Goad) 박사가 홀 주교의 자리를 대신하여 파견된다. 영국의 대표들은 가장 높은 수준의 예우를 받았고, 이 회의에 매우 큰 영향력을 발휘했으며, 6-8개월 후에 매우 영예롭게 귀국했다. 이 회의는 1618년 11월 3일에 시작하여 다음 해 4월 29일에 끝났다. 이 회의 기간 동안에 네덜란드의 국회는 영국 대표들에게 매일 10파운드의 체류 비용을 제공했으며, 영국 대표들이 영국으로 출발할 때 여행비용으로 200파운드를 제공했다. 회기 중에는 도르트 교회 회의를 상징하는 금메달을 네 명 모두에게 제공했다.

이 유명한 교회 회의에서 나중에 사보이의 학장이 되는 펨브로크 홀의 연구원 월터 밸컨쿠얼(Walter Balcanqual)은 왕의 명령에 따라 스코틀랜드 장로회의 대표로 참석했다. 네덜란드 지역에서 온 참가자들 외에도 헤센, 팔라틴 백작령, 브레멘, 스위스에서 참가한 대표들도 있었다. 이 지역의 교회들은 모두 장로회의 교리와 조직을 따르는 교회들이었다. 영국 국교회는 국교회의 수장의 명령으로 이 엄숙한 성직자들의 모임에 대표로 갔던 신학자들이 그들과 함께 참석하고 활동함으로써 이 모든 교회들에게 주 예수 그리스도의 진정한 교회로 알려졌으며, 또한 그들과 친밀한 교제를 나누었다. 확실히 당시의 영국 국교회는 현재 우리 곁에 있는 영국 국교회와는 사뭇 달랐다.

네덜란드 국가 최고 기관인 네덜란드 국회 상원의회에 의해 소집된 이 회의의 목적은 당시 네덜란드 개혁교회를 혼란에 빠뜨리던 교리 논쟁을 평정하는 것이었다. 이 교리 논쟁은 국가의 전통적인 믿음을 고수하던 칼빈주의자들과 전통적인 질서를 혁신하려는 알미니우스(Arminius)의 추종자들 사이에서 매우 첨예하게 약 10년간 지속되어 온 것이었다. 논쟁의 요점은 신적 예정, 속죄의 속성과 범위, 인간의 타락, 하나님께로의 회심, 성도의 견인과 관련된 교리들이었다. 이 다섯 가지의 요점이 약 60개의 교회법 항목에 의해 설명되었으며, 이 항목들은 그 회의에 참석한 모든 구성원 각자에 의해 만장일치로 확정되었다. 이렇게 확정된 "도르트 신조"는 아마도 칼빈주의 신앙에 대해 지금까지 작성된 가장 주의 깊고 정확한 진술일 것이다.

영국으로 돌아오기 전에, 영국 대표들은 네덜란드 지방을 여행하였으며, 대부분의 주요 도시에서 큰 존경을 받았다. 귀국하자마자 워드 박사는 시드니서섹스 대학 학장직에 바로 복귀했다. 1621년에 그는 케임브리지 대학교의 부총장이 되었고, 같은 해에 왕녀 마거릿(Margaret)의 신학 교수가 되었다. 그는 이 직위로 20년 이상 큰 명성을 유지했다. 그가 번역에 기여한 킹제임스성경은 1611년에 공식적으로 출간되었다. 첫판에서 인쇄상의 오류들이 있었고, 그 다음 판들에도 오류들이 발생하자, 1638년 제임스왕은 새로운 개정판을 케임브리지 대학교에서 출판하도록 지시한다. 이때 원래의 번역자들 중에서 생존해 있던 워드 박사와 보이스(Bois)

박사가 토머스 고우드(Thomas Goad) 박사, 미드(Mede) 박사 등의 학자들의 도움을 받아 개정판을 내게 되었다.

1643년 웨스트민스터 대성당에서 성직자 회의가 개최되었을 때, 워드 박사도 소집되었으나, 그는 참석한 적이 없다. 교리적인 측면에서 볼 때, 워드 박사는 철저한 청교도였으나, 정치적으로는 확고한 왕정주의자였다. 워드 박사의 사랑받는 제자였던 토머스 풀러는 "슬프고도 고통스러웠던 시민 혁명의 시기에, 워드 박사는 파도에 시달리는 바닷가의 바위처럼 되었다. 한마디로 그는 시민 혁명 이전에는 청교도로 여겨졌으나, 시민 혁명 시기에는 카톨릭 신자로 간주되었다. 그러나 그는 언제나 동일한 사람이었다. 그는 늘 진정한 프로테스탄트였다."라고 적고 있다. 적대 행위들이 발생하기 시작하자, 워드 박사는 폭군인 찰스 스튜어트(Charls Stuart)를 돕기 위해 케임브리지 대학교의 각 대학 학장들과 연합하여 대학의 명패를 찰스에게 보내 주었다. 찰스의 성품에 관해서는, 개인적인 선행을 일부 감안하여, 매콜리(Macaulay)가 아주 잘 기록해 놓았다.

철학적 역사가였던 매콜리는 "믿음 없음이 찰스에게 일어난 재앙들의 주요 원인이었으며, 그 믿음 없음이 찰스에 대한 기억 속에 남아 있는 주된 오점이었다. 진실로 그는 어둡고 굽은 길로 가려는, 치료될 수 없는 성향을 가지고 있었으며, 그 성향에 의해 좌지우지되었다. 짧은 순간에는 충분히 세심했던 그의 양심이 이러한 큰 악에 대해서는 그토록 무디어졌다는 사실이 이상하게 여겨질 수도 있을 것이다. 그러나 체질과 습관에 있어서뿐만 아니라 원칙에 있어서도 찰스는 신뢰할 만한 사람이 아니었다." 이러한 역사적 평가는 너무 과한 것이 아닌가 생각이 들지도 모르겠다. 그러나 이러한 평가는 다른 비평가에 의해서도 그대로 유지되고 있다. 제임스왕도 가장 나쁜 군주들 중 한 사람이었지만, 콜리지(Coleridge)는 솔직하게 다음과 같이 말했다. "내가 정직하게 말하건대, 제임스 1세는 천사였다. 그의 아들들이나 손자들에 비하면 말이다."

의심할 바 없이 왕의 국정 운영 방식을 좋아하지 않았음에도 불구하고 많은 선한 사람들이 선택한 방식대로, 워드 박사도 오랫동안 확고히 유지되어 온 "왕권신수설"에 대한 양심적 믿음에 따라 왕권을 옹호하려고 노력했을 것이다. 대학의 명패를 왕이 쓰도록 보내 준 결과, 의회는 워드 박사의 교수직과 학장직을 박탈했으며, 그의 물건들을 압수했다. 1642년에는 이 일에 연루된 3명의 다른 학장들과 함께 세인트존스 대학에 잠시 동안이지만 감금되기도 했다. 감금되어 있는 동안 워드 박사는 병을 얻었고 질병을 사유로 석방되었는데, 석방되고 6주 후에 매우 심각한 병으로 밝혀졌다. 그는 1643년 고령의 나이로 많은 것이 결핍된 상태에서 생을 마감했다. 새뮤얼 워드 박사는 시드니서섹스 예배당에 묻힌 첫 번째 사람이었다.

토머스 고우드 박사가 새뮤얼 워드 박사에게 헌정한 라틴어 시가 그의 아름다운 성품을 잘 보여 준다. 그 시의 끝 부분을 풀러(Fuller)가 영어로 옮겼다.

그대의 예리한 안목과 신중한 판단력

아무도 범접 못해

뛰어난 말솜씨와 멋진 풍모.

이 모든 것 위에 그대의 평온한 혼
모든 번잡함이 사라진 온유와 겸손.

워드 박사는 다른 학자들과 많은 서신 왕래를 했었다. 어셔(Ushur) 대주교와의 서신들은 다양한 학문들, 특히 성경과 동양학 비평에 있어서 그의 학문적 특성을 보여 준다. 원로인 포스(Vossius)에게 보낸 그의 편지에서는 이 뛰어난 저자의 '펠라기우스주의의 역사' 기술에 대해 혹평을 가했다.

워드 박사의 성품에 관해서는 케임브리지 대학교의 역사를 기록한 풀러 박사의 저술에서 인용한 다음 글을 통해서 잘 알 수 있을 것이다. "워드 박사는 모세와 같은 사람이었다. 말이 느렸을 뿐만 아니라, 천성적으로 온유했다. 내 개인적인 생각으로는, 워드 박사와 콜린스 박사를 보면, 그들의 재능에 있어서 두 사람이 얼마나 차이가 나느냐와 누가 더 뛰어나냐의 문제는 논란의 여지가 있지만, 진실로 예수 그리스도께서 묻히신 장소까지 달려간 베드로와 요한을 떠올리지 않을 수 없다. 그 경주에서 가장 젊고 날렵한 요한이 먼저 도착했으나, 무덤에 먼저 들어간 것은 베드로였다. 민첩성에 있어서는 콜린스 박사가 더 나았다. 그러나 내가 보기에는 워드 박사가 땅을 더 깊이 파고들어가서 신학의 심오한 경지까지 꿰뚫었다. 내 생각에는, 강풍이 어떤 사람들을 더 빨리 잠들게 하는 것처럼, 이 혼미한 시기에 불어대는 폭풍이 이렇게 좋은 원로들을 긴 휴식에로 더 빨리 초대하는 것 같다. 거기에 우리는 그를 남겨두고 조용히 그 주위에 휘장을 두른다."

앤드루 다운스(Andrew Downes)

다운스 박사는 케임브리지 대학교의 세인트존스 대학 연구원이었다. 그는 이 유명한 대학교에서 40년간이나 '왕이 직접 임명한' 헬라어 교수로 재직했다.

다운스 박사는 그 유명한 존 셀던(John Selden)에 의해 "성경 번역에 적합한 역량을 갖춘 매우 뛰어난 인물"로 평가되었다. "칭찬받는 사람에게서 칭찬받는 것"은 다운스 박사에게도 기쁨이었다. 왜냐하면 당시까지 학문과 비평적인 학식에 있어서 셀던보다 더 존중을 받은 사람이 없었기 때문이다. 셀던은 존슨(Johnson) 박사로부터 "문학의 군주"라는 칭호를 받았으며, 밀턴(Milton)에게서는 "영국 학자들의 대장"이라 불렸다. 또 국외에 있는 명사들로부터는 "영국 학문의 위대한 지도자"라는 찬사를 받았다. 다운스 박사의 역량에 대한 셀던의 이 결정적인 평가는 다운스 박사와의 직접적인 교류를 통해서 내린 판단이었다.

앤드루 다운스 박사는 성경 개정판 출간을 위해 런던에 모였던 12명의 개정 위원회의 한 사람이었으며, 개정 위원들은 각 번역조의 핵심 인원으로 구성되어 있었다. 이 존경할 만한 학자는 "헬라어와 근면으로 만들어진 인물"이라 불리었다. 다운스 박사는 헨리 새빌 경(Sir Henry Savile)의 유명한 작품인 크리소스톰 전집을 출판할 때도 많은 수고를 기울였으며, 많은 학문적인 내용들이 그로부터 제공되었다. "그의 수고는 그 기념비적인 작품 속에 아로새겨져 있으며," 그래서 "그의 수고와 그 작품은 영원히 함께 있을 것이다." 그는 1625년 2월 2일 81세의 나이로 생을 마감했다.

존 보이스(John Bois)

헌신적인 학자인 존 보이스는 1560년 1월 3일에 서퍽의 네틀스테드에서 출생했다. 그의 아버지 윌리엄 보이스(William Bois)는 카톨릭에서 개종한 경건한 성직자였으며, 매우 학식 있는 사람으로서, 생을 마감할 당시에는 웨스트스토의 교구 주임 사제였다. 존 보이스의 어머니 마이러블 풀리(Mirable Poolye) 또한 경건한 여성으로서, 성경을 매우 열심히 읽는 사람이었다. 존 보이스는 그의 부모의 자녀들 중에서 유일하게 어른이 된 자녀였다. 그의 아버지는 그를 매우 정성들여 양육했다. 그는 다섯 살 때 히브리어 성경을 읽었으며, 여섯 살에는 히브리어를 또박또박 읽기 쉽게 쓰는 것뿐만 아니라, 아름답고 우아한 글씨체로도 쓸 수 있었다. 존 보이스 박사가 여섯 살 때 직접 손으로 쓴 히브리어 글씨체가 지금도 잘 보존되어 있다. 이 조숙했던 학자는 고령에 이르러서도 원숙하고 건강하게 살았다. 어린 존 보이스는 해들리에 있는 학교에 보내졌는데, 여기서 그는 오버롤(Overall) 주교의 학생 겸 연구원이 되었다. 1575년 그는 케임브리지 대학교의 세인트존스 대학에 입학했으며, 입학한 지 반 년밖에 되지 않았을 때, 학장과 선임 연구원들에게 헬라어로 편지를 쓸 정도로 헬라어 실력에 두각을 나타냈다.

보이스는 당시 최고의 헬라어 학자였던 다운스 박사의 제자였는데, 보이스가 대학교 1학년일 때부터 이미 다운스 박사는 자신의 전도유망한 제자에게 큰 기쁨을 느꼈으며, 매우 큰 친밀감을 가지고 대했다. 다운스 박사는 1주일에 5회 진행하는 자신의 강의 외에도, 보이스를 자기 연구실에 데리고 가서 아주 열심히 가르치고 공부하게 했다. 그는 거기서 보이스에게 산문과 운문 영역에서 열두 저자의 작품들을 가르쳤는데, 지역어와 구문에 있어서 가장 어려운 작품들이었다. 아침 4시에 대학교 도서관에 가서 휴식 없이 저녁 8시까지 머물며 공부하는 것이 이 열정적인 젊은 제자의 하루 일과였다.

1580년 존 보이스가 세인트존스 대학에서 연구원으로 선발될 때, 힘든 질병인 천연두로 고생하는 중이었다. 그러나 연구원 직위를 놓치고 싶지 않았기 때문에, 흔히 하듯이 담요를 두르고, 자신의 지도교수인 헨리 코핑어(Henry Coppinger)와 앤드루 다운스(Andrew Downes)에 의해 부축을 받고 가서, 연구원 선발에 지원하였다. 그는 의학 공부를 시작하였으나, 어떤 질병에 관하여 공부할 때마다, 그 질병에 감염되어 고통을 겪는 연상이 일어나서 의학 공부는 그만두게 되었다. 그 후에는 신학에 집중하게 되었다. 그는 1583년 6월 21일 부제에 임명되었으며, 특명에 의해, 다음 날 바로 영국 국교회 사제에 임명되었다.

보이스는 10년 동안 세인트존스 대학에서 헬라어 강사로 재직했으며, 그 기간 동안 매일 아침 4시에 자기 연구실에 모인 대부분의 연구원들에게 자발적으로 강의를 해 주었다. 옛 케임브리지 대학교에서 볼 수 있었던 이렇게 열정적인 교수와 학생들을 오늘날의 케임브리지 대학교에서도 볼 수 있을지 의문을 가져 보게 된다. 어쩌면 근면한 독일 대학생들을 포함하더라도 오늘날의 모든 대학교를 통틀어 이만큼 열정적인 교수와 학생들이 있을지는 의심스럽다. 나중에 웨스트민스터 대성당의 성직자들 중에서 가장 걸출한 인물들 중 하나인 토머스 가태커(Thomas Gataker)

가 이 시기에 보이스의 제자로 있었다.

아버지 윌리엄 보이스가 생을 마감할 때, 존 보이스는 아버지의 교구인 웨스트스토의 교구 사제를 승계했으나, 곧 사임하고, 자신이 사랑하는 세인트존스 대학으로 복귀하였다. 슈루즈버리의 백작이 그를 사제로 임명했으나, 이 직책에서도 곧 사임하였다. 존 보이스가 35세쯤 되었을 때, 복스워스의 교구 사제인 홀트(Holt)가 생을 마감하면서 딸들 중의 하나에게 유산의 일부로 생계를 유지할 성직자 추천권을 남겼는데, 홀트는 자기 친구들에게 자기 딸이 존 보이스와 결혼한다면, 복스워스의 성직자 추천권을 세인트존스 대학의 존 보이스가 승계하도록 해 달라고 유언을 남겼다. 이 일이 존 보이스에게 알려짐으로써, 그는 독특한 유산을 받은 그 딸을 직접 찾아가서 안부 인사를 하게 되었다. 곧 두 사람은 서로 호감을 가지게 되었으며, 연인으로 발전한 존 보이스는 미래의 신부로부터 사제관을 제공받았으며, 1596년 10월 13일에 휘트기프트 주교에게 승인을 받았다. 1598년 2월 7일 두 사람이 결혼함으로써 유언에 따른 상속의 나머지 부분을 마무리하게 되었고, 존 보이스는 사랑하는 세인트존스 대학의 교수직을 사임하였다. 그러나 그는 오랜 동료들과 자기가 추구하던 일로부터 자기 자신을 완전히 분리시킬 수는 없었다. 그는 다운스 교수의 헬라어 강의와 라이블리(Lively) 교수의 히브리어 실습, 그리고 신학 활동과 신학 강의에 참여하기 위해 복스워스에서 케임브리지 대학교까지 매주 왕래했다. 매주 금요일에는 12명에 이르는 주변 성직자들을 만나서 그들의 공부에 도움을 주고, 어려운 문제들을 논의했다.

그렇게 학구적인 열정에 몰입해 있는 동안, 그는 가정의 일들은 모두 그 아내의 관리하에 두었는데, 아내의 가정 관리 능력이 부족하였던 탓에 몇 년 후 경제적인 어려움에 놓이게 되었다. 그래서 그는 그가 좋아하던 일들을 그만두고, 그의 장서들을 팔 수밖에 없게 되었다. 그의 장서 중에는 당시까지 가장 완벽하고 값비싼 헬라어 문헌의 소장품들이 포함되어 있었다. 이러한 치명적인 손실로 인해 그는 거의 가족과 고향을 떠나야 할 지경에 이르렀으며, 매우 상심하게 되었다. 그러나 그는 신실하게 아내와 함께 있었으며, 45년간 큰 행복과 사랑을 유지하며 살았다.

성경 번역에 있어서 그는 두 배의 몫을 감당했다. 그의 번역조에 할당된 외경의 번역을 마친 후에, 역대기에서 솔로몬의 노래까지를 할당받은 케임브리지 대학교의 다른 번역조가 도움을 간청하여, 그 번역조에서도 그의 헬라어와 히브리어 실력을 동일하게 발휘하였기 때문이다. 그 번역조는 그의 도움을 받아 더욱더 열심히 일했다. 왜냐하면 번역이 시작된 이후로 잠깐 번역조 책임자를 맡았던 라이블리(Lively) 교수가 생을 마감한 상태였기 때문이다.

번역 업무를 맡고 있던 4년 동안에, 존 보이스는 월요일 아침부터 토요일 저녁까지 번역에 온전히 집중하였고, 주일에만 자신의 교구에서 가족과 함께 지냈다. 그는 이 모든 노력에 대하여 자신의 집무실과 기숙사를 이용하는 것 외에 세상적인 보상은 전혀 받지 않았다. 번역의 첫 단계가 마무리되었을 때, 그는 최종 개정 작업을 위해 여섯 조에서 각각 두 명씩 선발된 열두 명의 대표 중 한 사람이었다. 이 개정 작업은 런던의 스테이셔너스 홀에서 이루어졌다. 이 개정 작업이 이루어지는 9개월 동안, 판권을 소유하고 있던 왕정 인쇄업자 존 바커(John Barker)가 개정 위원들 각자에게 지급한 보수는 주당 30실링이었다. 존 보이스는 개정 위원회의 모든 진행 상황을 기록했다.

존 보이스는 그의 동료 번역자인 헨리 새빌 경(Sir Henry Savile)이 크리소스톰의 작품들을 편집하는 거대한 작업을 진행할 때에 매우 많은 도움을 주었다. 헨리 새빌 경은 그 책의 서문에서 그에 관하여 언급하며 "가장 독창적이며, 가장 박식한 존 보이스"라는 표현을 사용하였다. 연로한 다운스(Downes) 교수는 성경 번역에 있어서 자신에게 주어진 평가보다 한때 자기에게 배운 학생이었던 존 보이스에게 주어진 평가가 더 높은 것에 매우 큰 상처를 받았으며, 끝내 그 상심에서 회복되지 못했다. 그러나 존 보이스는 노련한 지도자인 다운스 교수에 대해 극도의 존중과 존경으로 계속해서 예우를 갖추었다. 크리소스톰에 열정을 쏟아부은 여러 해 동안, 그는 크리소스톰 전집 한 질 외에는 보상을 받지 못했다. 이것은 아마도 존 보이스를 이튼 대학의 교수로 임용할 생각이었던 헨리 새빌 경의 갑작스러운 죽음 때문인 것 같다.

존 보이스의 가난하고 주목받지 못하는 삶은, 당시 엘리의 주교이자 존 보이스를 성경 번역자로 임명했던 랜슬럿 앤드루스(Lancelot Andrews) 박사가 그를 엘리의 주교좌성당 명예참사회원으로 임명한 1615년까지 계속되었다. 존 보이스는 그의 생애 마지막 28년을 명예참사회원으로 지내며 학구열에 불타는 은퇴생활을 했으며, 복스워스의 부목사직을 겸임했다. 엘리에 온 이후로 그는 1년에 두 번씩 복스워스에 방문했는데, 성사를 주관하고 설교하기 위해서이기도 하고, 가난한 사람들을 구제하기 위해서이기도 했다. 그는 임종할 때 그의 긴 인생의 날수만큼이나 많은 자필 원고들을 남겼는데, 노년임에도 불구하고 매일 8시간씩 공부했으며, 그 대부분이 고대 작가들의 글을 읽고 교정하는 것이었다. 그의 글들 중에는 사복음서와 사도행전에 대한 라틴어 주석서도 있었는데, 그가 죽은 후 약 12년이 지나서 출판되었다.

그는 사교적이고 활달한 성격이었으며, 즉석에서 활용할 수 있는 일화를 풍부하게 알고 있었다. 그는 가정을 엄격하게 운영했다. 그러나 가난한 사람들에 대한 그의 사랑은 그의 지갑이 바닥을 드러내는 경우에만 멈췄다. 그는 게으른 사람들을 꾸짖는 사람이었으나, 사랑의 눈이 사랑의 손과 함께 열려 있어야 한다는 사실을 잘 아는 사람이었다. 그는 자주 금식했으며, 한 주에 두 번 금식하기도 했다. 또한 그는 모든 종교적인 임무들에 있어서 시간을 잘 지키는 사람이었다. 그는 원고 없이 설교하는 사람이었으나, 많은 기도와 연구를 통해 그렇게 한 것이었다. 설교라는 이 엄숙한 임무를 수행함에 있어서, 그가 주로 노력을 기울인 부분은 그의 청중들 중에서 가장 신분이 낮고 무지한 사람들이 그의 설교를 잘 이해할 수 있게 하는 것이었다. 이것은 그토록 풍부한 학식을 지닌 학자 안에 있었던 현명하고도 고귀한 특성이었다. 데일챔프(Dalechamp)가 토머스 해리슨(Thomas Harrison)에 관한 찬사의 글을 보낼 때, 진심으로 보이스에 관하여 말한 바와 같이, 그는 "학구적인 외국인들에게 매우 존경을 받았으며, 헬라어에 있어서 그가 달성한 수준은 그 누구에게도 뒤떨어지지 않았다." 그는 헬라어 신약성경에 매우 정통했으며, 언제든 모든 신약성경 구절을 헬라어 신약성경에 있는 그대로 바꾸어 말할 수 있었다.

보이스의 생활 방식은 매우 독특했다. 그는 평생 걷기, 승마, 수영을 즐졌으며, 그래서 체력이 좋았다. 바로 이 체력 덕분에 그가 꾸준히 공부하는 것이 가능했던 것이다. 그는 점심과 저녁, 이렇게 두 끼만 먹었으며, 식사 때 외에는 음료를 마시지 않았다. 또 그는 저녁 식사 후 취침할 때까지는 공부를 하지 않았다. 이 시간에는 친구들과의 즐거운 교제를 즐겼다. 그는 특별히 치아 관리를 잘 했는데, 생을 마감할 때까지 거의 모든 치아를 건강하게 유지했다. 그는 생을 마감할 때까지 눈썹이 휘어지지 않았고, 눈이 밝았으며, 귀도 잘 들렸다. 또 얼굴의 혈색이 좋았으며, 머리가 벗겨지지도 않았다. 그는 그의 건강과 장수의 비결을 그의 지도교수들 중 한 사람이었던 휘태커(Whitaker) 박사에게서 배운 3가지 규칙을 준수했기 때문이라고 말했다. 첫째는 '항상 서서 공부하라.'였고, 둘째는 '바람 부는 곳에서는 공부하지 말라.'였으며, 셋째는 '발을 차게 하고 자지 말라.'였다.

보이스는 네 아들과 세 딸을 두었다. 첫 아들은 아기였을 때 사망했다. 둘째 아들과 첫 딸은 결혼하는 것까지 보았다. 셋째 아들은 30세까지 살았는데, 보이스가 엘리의 대성당에서 참사회원으로 있을 때였다. 막내아들은 세인트존스 대학의 학생이었는데 천연두로 사망했다. 그러므로 보이스도 아버지로서의 쓰라린 고통들이 없었던 것은 아니었다. 이러한 고통들이 그의 선행에 대한 계기가 된 듯하다. 그는 자기 생애의 마지막이 가까웠을 때조차 "나는 최근 수년간 죽음에 대하여 한 번도 생각해 보지 않았다."고 스스로 말했다. 그래서 결국 그가 죽음을 맞이하게 되었을 때, 그는 매우 기뻐했으며, 오래 알아 온 사람과 오래 기다린 친구를 맞이하듯이 죽음을 맞이했다. 아내의 죽음 이후 2년간 외롭게 지낸 후, 죽음을 맞이하기 5시간 전에 아내가 죽은 방으로 옮겨졌으며, 거기서 생을 마감했다. 그날은 1643년 1월 14일 주일이었으며, 당시 나이 84세였다. "그는 안식의 날에 안식으로 들어갔다. 화평의 사람으로서 화평의 하나님께로 간 것이다."

존 워드(John Ward)

존 워드는 킹제임스성경 번역자들의 명단에 있었던 맨 마지막 사람이다. 워드 박사는 케임브리지 대학교의 킹스 대학의 선임 연구원이었다. 풀러(Fuller)는 워드 박사에게 "리글"(Regal)이라는 특이한 칭호를 부여했다. 아마도 대학의 어떤 기관을 나타내는 말인 듯하다. 워드 박사에 대해 우리가 수집한 정보는 그가 치체스터의 주교좌성당 명예참사회원이었으며, 또한 햄프셔 지역 비숍스월섬의 교구 사제였다는 것이 전부이다.

번역조에 포함되지 않은 관련자들

이제 우리는 번역자 명단에는 없으나 킹제임스성경의 번역 작업에 도움을 준 것으로 알려져 있는 몇 사람에 대해 간략한 소개를 하고자 한다. 이들 중 두세 사람은 왕이 맨 처음 직접 지명한 준비 위원회에 이름이 들어 있었으나, 번역자로 임명된 후 곧 사망한 사람들이다. 이들 중 최소한 두 명의 학자는 명단에는 없었다 할지라도 실제로는 작업에 참여한 것으로 보이므로 이들에 관하여 기록을 남기고자 한다.

존 애글리언비(John Aglionby)

애글리언비 박사는 컴벌랜드의 존경받는 가문 출신이다. 그는 1583년에 옥스퍼드 대학교 퀸스 대학의 학생이 되었으며, 나중에 그 대학의 선임 연구원이 되었다. 사제 서품을 받은 후에 외국을 여행했으며, 돌아오자마자 게으른 자나 멍청한 자를 참지 못하는 엘리자베스 여왕의 상임 사제가 되었다. 1601년에는 블레친든의 교구 사제가 되었다. 같은 해에 옥스퍼드 대학교 세인트에드먼즈 홀의 학장이 되었으며, 거의 동시에 아이슬립의 교구 사제가 되었다. 그는 또한 제임스 1세의 통치 때에도 제임스 1세가 취임하자마자 왕의 전속 사제로 임명되었다.

애글리언비 박사는 교부들과 학자들의 글을 탐독했으며, "뛰어난 언어학자"였고, 우아하고 유익한 설교자였다. 앤서니 우드(Anthony Wood)

는 그의 책 〈아테네〉(Athenae)에 애글리언비 박사에 관해 다음과 같이 썼다. "나는 그가 출판한 책을 발견하지는 못했다. 그러나 내가 그를 여기에 기록한 이유는 1604년에 제임스왕에 의해 임명된 번역자로서, 신약성경 번역에 있어서 매우 영향력 있는 인물이었기 때문이다." 애글리언비 박사는 1609년 2월 6일에 43세의 나이로 자기 사제관에서 생을 마감했다. 그가 사역한 아이슬립의 교회 성단소에 애글리언비 박사의 미망인에 의해 남겨진 기념패가 있다. 애글리언비 박사는 그가 이 세상에서 할 수 있는 가장 훌륭한 일을 한, 바로 그 기간만큼만 산 것이다.

레너드 허튼(Leonard Hutten)

레너드 허튼은 웨스트민스터 스쿨에서 양육을 받았으며, 그의 우수성을 인정받아 1574년 옥스퍼드 대학교 크라이스트처치 대학의 학생으로 선발되었다. 허튼은 이곳에서 지치지 않는 열정으로 모든 분야의 학문 영역에서 실력을 쌓는 데 전념하였다. 오래지 않아 사제 서품을 받고 설교자가 되었다. 1599년에 약 8년 과정인 신학 과정을 마쳐 신학사가 되었으며, 노샘프턴셔 지역 플라워의 교구 사제가 되었고, 크라이스트 처치의 성당 참사회원이 되었다. 그는 "뛰어난 헬라어학자"이자 품격 있는 학자로 잘 알려져 있었다. 그는 교부들과 스콜라 신학자들에 관하여 정통했으며, 당시의 선호 학문이었던 학술 언어들에 능숙했다. 그는 또한 영국 역사를 주의 깊게 연구하였다. 특히 그는 영국 역사를 매우 좋아하여 역사에 관한 뛰어난 감각을 지니고 있었다. 어떤 옛 작가가 주장한 것처럼, “역사를 본다는 것은 선한 사람들의 자선 행위처럼 끝까지 도달할 수는 없을지라도 가까운 곳에서 시작하여 먼 곳까지 체계적으로 나아가는 것”이다. 우드(Wood)는 허튼 박사가 “성경 번역에 분명히 참가하였다.”고 기록하고 있다. 허튼 박사는 1632년 5월 17일 72세의 나이로 생을 마감했다.

이제 우리는 성경 번역에 관하여 당시의 학자들이 담당했던 역할들에 대한 최상의 기록들을 여기서 마무리하고자 한다. 우리는 가능한 한 매우 주의를 기울였으며, 열심히 조사하였다. 킹제임스성경은 모든 이가 공통으로 사용할 영어 성경을 만들어 내기 위해 쏟아부은 번역자들의 노력이 합쳐져서 한 권의 성경이 되어 세상에 나온 것이다. 이 성경은 인류에게 처음 주어졌던 원래의 성경이 번역된 이래로, 지금까지 나왔던 번역본들 중에서 가장 위대하고 가장 복된 영향을 이 세상에 끼쳐 왔다.

번역자들 중 몇 사람은 번역 작업이 진행되는 과정 중에 선발되었다. 1604년 7월 22일에 제임스왕으로부터 런던의 주교에게 보내진 편지에서, 제임스왕은 “우리는 지금까지 성경 번역에 54명의 학자들을 임명했다.”고 쓴 부분이 있다. 인정할 만한 목록에는 단지 47명만이 나와 있기 때문에, 47명 이외의 사람들은 이 번역 작업을 추진하는 방식을 제시한 왕의 지시문 제15항에서 언급되었던 성직자들이었던 것 같다.

왕의 지시문 제15항에는 각 번역조의 대표들 말고도 옥스퍼드 대학교와 케임브리지 대학교에서 부총장에 의해 추천된 가장 고령의 권위 있는 성직자 서너 명을 언급하고 있는데, 이들은 제임스왕이 제시한 네 번째 규칙을 더 잘 준수하기 위해, 나머지 책임자들과의 회의를 통해 번역의 감독자들이 되어야 할 사람들이었다. 네 번째 규칙이란 어떤 원어 단어가 여러 가지 다른 의미로 해석될 수 있는 경우에는 옛 교부들이 보편적으로 승인한 해석을 따라야 하며 "위치의 적절성과 믿음에 따른 판단"에 주안점을 두어야 한다는 규칙이다. 그 감독자들이 누구인지는 알려지지 않고 있다. 그러나 한 대학교에서 3명을 임명했다면 다른 대학교에서는 수를 맞추기 위해 4명을 임명했을 것이다.

여섯 개의 번역조가 각기 수행해야 할 역할을 마쳤을 때, 세 개의 번역본이 런던으로 보내졌다. 하나는 케임브리지 대학교의 두 번역조가 번역한 것이고, 다른 하나는 옥스퍼드 대학교의 두 번역조가 번역한 것이며, 나머지 하나는 웨스트민스터 대성당의 두 번역조가 번역한 것이다. 각 번역조는 가장 역량 있는 번역자를 두 명씩 런던에 보냈으며, 이들은 이 세 개의 번역본을 하나의 번역본으로 구성하는 일을 맡았다. 도르트 교회 회의에서 네덜란드 교회에서 사용하기 위해 권위를 부여할 번역본을 준비하는 문제를 논의하고 있을 때, 회의 참가자들 중의 하나였던 새뮤얼 워드(Samuel Ward) 박사는 영국에서 성경 번역이 진행된 방식을 다른 참석자들에게 알려 주었다. 워드 박사는 그때 킹제임스성경의 최종 번역본은 매우 뛰어난 12명의 성직자들이 최종 구성한 것이며, 그들은 번역 작업의 처음부터 참여하여 이 일에 매우 익숙한 사람들이었다고 말했다. 그는 번역자의 한 사람으로서 당연히 최종 번역본을 구성하는 데 참여한 인원수를 알고 있었음이 분명하다.

이렇게 선발된 12명에 의해서 구성되고 완결된 최종 번역본은 출판을 위한 최종 수정을 위해 스미스(Smith) 박사와 빌슨(Bilson) 박사에게 보내졌다. 스미스 박사는 번역자들 중에서 가장 활발한 활동을 보인 번역자로 이후에 글로스터의 주교가 되었으며, 빌슨 박사는 당시 윈체스터의 주교였다. 이 두 학자가 성경 각 장의 앞부분에 내용 요약을 썼으며, 1611년 은혜의 해에 킹제임스성경 출판이 이루어지는 전체 과정을 세심하게 관리했다.

토머스 빌슨(Thomas Bilson)

토머스 빌슨 박사는 독일인 부모에게서 태어났으며, 바바리아의 공작과 친척이었다. 그는 윈체스터에서 태어났으며, 윌리엄 드 위컴 학교에서 교육받았다. 그는 옥스퍼드 대학교 뉴 대학에 들어가서 1565년 상임 연구원이 되었다. 그는 시인으로 유명해지기 시작했으나, 사제 서품을 받자마자 신학 공부에만 전념했다. 그는 곧 윈체스터의 주교좌성당 명예참사회원이 되었으며, 뉴 대학의 부학장이 되었다. 1596년 우스터의 주교가 되었으며, 3년 후 자신의 고향인 윈체스터 교구로 옮기게 되었다.

토머스 빌슨 박사는 당시 개최된 대부분의 토론 경연에 참가했는데, 영국 국교회의 열렬한 지지자로서 참가한 것이었다. 흔히 사도신경이라 불리는 글에서 그리스도께서 지옥에 내려가셨다는 부분에 관한 논쟁이 일어났을 때, 그는 문자적인 의미를 옹호하면서 그리스도께서 거기에 가셨으나 지옥의 고통을 겪으신 것이 아니고, 마귀의 손에서 지옥의 열쇠를 빼앗기 위해 내려가신 것이라고 주장했다. 이 교리적 주장을 위해서 그는 당시 근대 회중교회주의의 아버지라 불렸던 헨리 제이코브(Henry Jacob)와 토론했으며, 다른 청교도들과도 토론했다. 빌슨 박사의 토론은 많은 반응을 일으켰다. 이 교리에 반대하는 자들에게 분노를 품은 엘리자베스 여왕은 빌슨 박사에게 "그 교리를 포기해서는 안 되며, 또한 하나님의 교회 안에서 수행하는 빌슨 박사의 주교 직분이 진리와 권위를 거부하는 국교회 반대자들의 발아래 밟히지 않아야 한다."고 명령했다. 이 독신녀 독재자는 그러한 열정으로 국가와 교회를 통치하여, "노처녀가 키운 아이들이 말을 잘 듣는다."라는 속담이 사실임을 확인시켜 주었다. 빌슨 박사의 가장 유명한 작품은 〈그리스도의 교회의 영원한 통치권〉이며, 1596년에 출판되었다. 이 책은 아직도 주교 제도를 찬성하는 관점에서 기술된 가장 역량 있는 책들 중의 하나로 간주되고 있다.

토머스 빌슨 박사는 1616년에 생을 마감했으며, 웨스트민스터 대성당에 묻혔다. 그는 "자기 모습 그대로 성직을 수행한 고위 성직자"라고 일컬어졌다.

앤서니 우드(Anthony Wood)에 따르면 빌슨 박사는 신학 지식에 있어서 매우 완벽했고, 언어에 매우 능숙했으며, 교부들과 스콜라 신학자들에 대해 정통했고, 자신의 학문을 활용하는 데 매우 뛰어났기 때문에, 결국 영적 전쟁에 있어서 더 이상 한 사람의 병사가 아니었고, 오히려 총사령관 같았으며, 특히 주교가 되고 나서 더욱 그러했다.

리처드 밴크로프트(Richard Bancroft)

킹제임스성경의 모든 초기 인쇄본에는 번역자 서문이 들어 있었는데, 그 번역자 서문 안에는 국민들뿐만 아니라 교회 전체를 통솔하는 국왕의 권한하에서 총감독자이며 총책임자로 활약한 한 사람에 관한 암시가 들어 있다. 이 사람이 바로 당시 런던의 주교였던 밴크로프트 박사이다. 그에게는 왕이 의도한 바가 새로운 번역본에 제대로 반영되었는지를 감찰하는 직무가 위임되었다. 그는 실제로 번역이 진행되는 과정에는 거의 관련이 없었지만, 번역 업무의 전 영역에 걸쳐 번역본의 모든 구절들에 왕의 의도가 제대로 반영되었는지를 감지할 만큼의 총괄적 감찰 능력을 갖추고 있었기 때문에, 자신의 직무를 적절히 수행할 수 있었던 것이다.

리처드 밴크로프트는 멘체스터 부근에서 태어났으며, 케임브리지 대학교의 지저스 대학에서 교육받았다. 그는 엘리자베스 여왕의 전속 사제였으며, 1597년에는 런던의 주교가 되었다. 1604년 휘트기프트(Whitgift)가 생을 마감하자마자 캔터베리의 대주교직을 승계했다. 그 후로 1년 동안 영국 국교회에 복종을 요구하는 그의 분노는 매우 대단한 것이었다. 300명이 넘는 각료와 사역자들이 파면되거나, 직위 보류되었고, 그중 일부는 파문을 당하거나 투옥되었으며, 국외로 추방되기도 하였다. 그는 진실로 냉혹하고 가혹한 기질을 가진 끔찍한 성직자였다. 영국사를 기록한 케닛(Kennet) 주교는 밴크로프트를 "견고한 인물"이라 칭했으며, "그는 청교도에 반대하여 그들에게 가혹함과 혹독함, 그리고 분노를 가지고 일을 처리하였다."고 말했다. 그는 영국식 종교재판이 진행된 특별고등법원이라는 그 악명 높은 법정에서 결정적 영향력을 행사하는 사람이었다. 그레이스 법학원(Gray's Inn)의 뛰어난 변호사였던 니컬러스 풀러(Nicholas Fuller)는 그 법정에서 밴크로프트의 희생자 두 명을 보호하기 위하여 인신보호 영장을 청구하고 두 희생자의 석방을 강력히 요구하였으나, 밴크로프트는 변호사 풀러(Fuller)마저 감옥에 가두었으며, 결국 풀러는 감옥에서 생을 마감하였다. 토머스 풀러(Thomas Fuller)는 밴크로프트에 관하여 다음과 같이 표현했다. "그는 매우 위대한 정치가이자, 교회의 규율을 지키는 당당한 챔피언이었다. 그의 정신력은 대단히 위력적이었으므로, 간섭이나 충고를 필요로 하지 않았고, 그래서 많은 반대에 부딪혔다. 의심할 바 없이 밴크로프트 때문에 교회에서 숨죽이게 된 사람들은 다른 장소에서 그에 대해 반대하는 소리를 높였다. 다윗도 사람들의 입술 아래 독이 있다고 말했었다. 밴크로프트도 그의 적들로부터 많은 독을 맛보았다. 결국 너무 많은 독에 익숙해져서 독이 그에게는 오히려 음식처럼 되어 버렸다. 한번은 어떤 신사가 밴크로프트의 집 현관에 모욕적인 글이 쓰인 편지를 두고 갔다. 밴크로프트가 문을 지나가다 그 편지를 발견했는데, 그 편지는 밴크로프트에게 어떠한 영향도 주지 못했다. 오히려 그는 '내 서재에 이런 편지들이 백 통 넘게 쌓여 있는데, 거기에 던져두게.'라고 말했다." 카톨릭에게든, 청교도에게든, 밴크로프트의 업무 처리가 매우 위압적이었기 때문에, 그는 간혹 그런 위압적인 분위기를 누그러뜨리는 노력을 하기도 한 것 같다. 그러나 그것도 앞으로 있을 일을 미리 알려 준 경우에만 효과가 있었다고 한다. 풀러는 정직하고 능력 있는 성직자에게서 전해들은 것을 기록한 것이며, 인용된 밴크로프트의 말도 그 성직자로부터 전해들은 것이다. 그 성직자는 밴크로프트 대주교에게 반대하는 사람이었다. 모든 세부 사항에 대해서 국교회에 복종해야 한다는 것이 그의 양심에 반하는 것이었기 때문이다. 그 성직자가 그의 생계인 성직으로부터 파면당하게 되었을 때, 밴크로프트 대주교가 그에게 "파면되면 뭘 할 건가?"라고 물었다. 그 성직자는 구걸 이외에는 방법이 없으니, 하나님의 섭리에 자기 자신을 맡길 수밖에 없다고 대답했다. 그러자 밴크로프트 대주교는 "그럴 필요 없이 나에게 오게. 내가 생계를 위해 성직 추천을 해 주겠네."라고 말했다. 그러나 밴크로프트가 이러한 관용을 베푼 사례는 극히 드문 경우이다. 밴크로프트는 하급자에게 매우 고압적인 사람이었는데, 자신이 자신의 상관인 왕에게 복종하는 것을 예로 삼아 하급자들에게도 자신에게 복종하도록 강요했다.

햄프턴 궁전 회의에서 밴크로프트 대주교는 아비할 정도로 제임스왕에게 아첨을 했었는데, 지혜에 대해서는 솔로몬에게, 경건에 관해서는 히스기야에게, 학식에 관해서는 바울에게 비유하면서 제임스왕을 추켜세울 정도였다! 스코틀랜드 사람들은 스코틀랜드 사람들에게 주교 제도를 강요하기 위해 밴크로프트가 기울인 지치지 않는 열심에 대한 원한을 아직도 기억하고 있다. 그는 왕권신수설과 주교권 신수설에 대해서도 동일한 노력을 기울였다. 그는 교회의 재산에 대한 소유권 이전을 강력히 금했다. 그래서 가장 탐욕스럽고 악랄한 신하였던 로더데일 경(Lord Lauderdale)이 더럼의 주교관할권 전체를 삼키려 한 것을 막아 냈다!

밴크로프트 박사는 1610년 66세의 나이로 램버스 교회에 묻혔다. 그는 교회에 큰 재산을 기부하겠다던 자신의 유언장 첫 번째 항목을 취소함으로써, 다음과 같은 풍자시를 얻게 되었다.

'악행을 후회한 적이 없었던 그가 자신의 선한 유언은 후회했다.'

그의 유언장 두 번째 항목에 따라 램버스에 있는 큰 도서관이 케임브리지 대학교에 기증되었다. 당시의 정치적 상황은 평온한 편이었으나, 다가올 폭풍을 미리 내다볼 정도의 명철은 그에게 있었다고 한다. 그 다음 세대에 영국에서 발생한 이 폭풍은 클래런던 경(Lord Clarendon)이 "대반란"이라 불렀던 "청교도 혁명"이다.

번역 작업의 감독 업무 수행에 있어서는 밴크로프트가 그의 국교회적 성향에 더 부합하는 용어들로 바꿀 것을 주장했던 극히 적은 수의 구절들을 제외하고는 번역된 내용에 조정을 가하지 않은 것 같다. 그러나 감독이 이 최고 성직자에 의해 이루어진 것과 번역자들의 대부분이 밴크로프트와 같은 사고방식을 가진 사람들임을 감안하면, 성경 번역이 그들의 국교회적 성향에 깊이 영향받지 않은 것은 매우 놀라운 일이다. 전체적으로 볼 때, 성경 번역은 종파적 영향을 받았던 그 이전의 영어 번역본들과는 달리 종파적 영향을 받지 않은 것이 확실하다. 밴크로프트는 자신의 생각에 맞추어 14개의 부분을 바꾸었다고 한다. 성경 번역의 모든 단계에서 매우 많은 역할을 담당했던 마일스 스미스(Miles Smith) 박사가 밴크로프트 대주교에게 항의를 했으나, 스미스 박사는 "그러나 밴크로프트 대주교의 주장은 매우 강력했으며, 반박할 수 없었다."라고 말했다고 한다. 밴크로프트에 의해 바뀌었다고 사람들이 억측하는 부분들 중에서 두 가지는 매우 터무니없는 것이다. 하나는, "주교의 직분"(bishoprick)이라는 영광스러운 단어가 성경에 있게 하기 위해, 밴크로프트가 사도행전 1장의 유다 이스카리옷에게 "주교의 직분"(bishoprick)이라는 말을 붙이게 했다는 것이다. 『**그의 감독의 직분**[bishoprick]**을 다른 사람이 취하게 하소서**』(행 1:20). 다른 하나는, 당시 청교도들 중 많은 수가 "영적인 경배자들의 모임"에 유일하게 적합하다고 판단되어 사용된 "교회"(church)라는 단어를 완고하게 거부하고 있었는데, 밴크로프트는 교회라는 단어가 한 번은 물리적인 건물에 사용되어야 한다는 생각으로 이 단어를 사도행전 19장에 나온 우상 신전에 사용했다는 것이다! 사도행전 19:37에서 "신전의 물건을 훔친 자들," 특별히 에베소에 있는 다이아나 대신전에서 물건을 훔친 자들을 의미하는 데 사용되었던 『**교회들의 물건을 훔친 자들**[robbers of churches]』이라는 부분은 원래 사용되었던 단어가 "신전 강도"(temple-robbers)였다는 것이다. 이러한 억측들은 뒤로하고, 우리는 성경 본문의 최종 결정에 있어서 감독으로 활동한 밴크로프트 대주교의 영향력이 극히 적었다는 사실에 감사하는 마음을 가져야 할 것이다.

결 론

킹제임스성경의 번역자들에 관한 간략한 전기를 끝내면서, 이 주제를 다룬 다른 문헌들에 언급된 내용들을 간략히 적고자 한다. 이 주제에 관해서는 진실로 더 많은 분량의 내용들이 기술되어 있는 것이 당연한 일일 것이다.

권위 역본인 킹제임스성경의 첫 인쇄본은 이미 기술한 바와 같이 1611년에 검정 글씨의 2절판으로 인쇄되었다. 4절판의 첫 인쇄본은 그 이듬해인 1612년에 인쇄되었다. 다른 형태와 크기로 인쇄된 인쇄본들은 그 이후로도 계속되었으며, 또 매우 많았다. 1638년에는 찰스 1세의 명령으로 개정판이 나왔는데, 활자상의 오류를 수정하는 것이 목적이었으며, 많은 수의 뛰어난 학자들이 관여하였다. 그중에는 첫 인쇄본의 번역자인 새뮤얼 워드(Samuel Ward) 박사와 보이스(Bois) 박사도 있었다. 1769년 옥스퍼드 대학교 부총장의 지도하에 밴저민 블래니(Banjamin Blaney) 박사와 클래런던 인쇄소 대표들이 매우 세심한 작업으로 수정한 2절판과 4절판은, 1806년에 에어(Eyre)와 스트라한(Strahan)이 출판하여 왕에게 헌정한 인쇄본이 나올 때까지, 모든 판의 기준판이 되었다. 이 1806년 인쇄본은 거의 "무오류판"이라 불릴 수 있을 정도인데, 매우 경미한 오직 하나의 오자만을 가지고 있다. 수많은 기관에서 수많은 인쇄본들이 나왔으나, 출판사 측의 인쇄자들과 교정자들의 실수와 부주의에도 불구하고 활자상의 오류가 많이 일어나지 않은 것은 성경이 출판될 때마다 매번 기적이 일어난 것이라고 말할 수밖에 없을 것이다.

성경 본문에 있는 활자상의 오류는 성경 독자들이 분노를 느낄 가능성이 높은 문제이기 때문에, 활자상의 오류를 피하기 위한 출판사의 노력은 미국성경공회의 실례를 통해 잘 알 수 있다. 매우 역량 있는 기관인 미국성경공회는 미국성경공회에서 가장 잘 만들어진 최신 인쇄본을 영국에서 출판된 가장 권위 있는 4개의 인쇄본인 런던 판, 옥스퍼드 판, 케임브리지 판, 에든버러 판 및 1611년 첫 인쇄본과 대조하였는데, 매우 꼼꼼하고 정교하게 작업함으로써 약 3년의 기간이 소요되었다. 이 여섯 개의 인쇄본의 본문과 구두점 대조에서 발견된 차이는 거의 24만 군데로 엄청난 양이었다! 실로 우리를 경악케 하기에 충분한 양이었으나, 미국성경공회는 "이 엄청난 수의 차이에도 불구하고, 성경의 교리나 성경적 규율에 영향을 주는 차이는 단 한 가지도 없었다."고 확언하였다. 그러나 성경 교열은 철저한 정확성이 필요한 일이기 때문에, 미국성경공회는 차후로 인쇄될 성경의 기준 인쇄본으로 삼기 위해 이 차이들을 모두 바로잡은 성경 인쇄본을 준비하고 있다.

이 세상이 성경을 만드신 하나님께 진 은혜의 빚은 무한하다. 또한 성경을 자국 언어로 번역하는 나라들을 풍요롭게 하시기 위해, 하나님께서 그분의 보물 창고를 열어 번역을 위한 완벽한 도구들을 양성하신 하나님의 선하심도 그에 못지않다.

이 주제는 17세기의 성직자였던 필드(Field) 박사의 글에서 정교하게 다루어지고 있다. 그의 글에서 위대한 평론가였던 새뮤얼 테일러 콜리지(Samuel Taylor Coleridge)가 깊이 있고 존중할 만한 조명을 우리에게 선사한다.

"하나님의 말씀들을 기록한 신성한 책인 성경이 우리 그리스도인들을 지혜롭게 하기 위해 비추어 주는 그 찬란한 빛은 그 무엇에 비교할 수도 비유할 수도 없다. 모든 이가 그 빛에 의존하며, 그 하늘의 빛에서 오는 밝은 광선이 이생의 다양한 갈림길과 위험한 고비에서 영원한 행복에 이르는 길을 우리에게 보여 준다. 성경을 기록한 언어들의 특이성이나 그 안에 담겨 있는 숨겨진 의미들의 다양성과 신비로움의 깊이는 하늘에서 오는 빛의 선명한 관점과 온전한 조명을 통하여 어떤 식으로든 우리에게 드러나야만 하기 때문에, 하나님께서 세상의 모든 국가들과 하늘 아래 거주하는 모든 사람들로부터 그분의 교회를 불러 모으시고, 사람들로 하여금 모든 독특한 학문과 지식에 풍요롭게 하셨으며, 거룩한 것들을 이해하는 능력으로 가득 차게 하셨다. 그리고 그 학문과 지식과 이해를 통하여 모든 나라의 언어로 하나님의 책인 성경을 번역하게 하심으로써, 굳게 잠겨 있고 봉해져 있던 성경의 봉인을 여시고 그 안에 담겨 있는 신비를 드러내어 공개하셨다. 하나님께서는 그분의 말씀을 사람의 목소리로 전하게 하셨을 뿐만 아니라, 후대에 전해지도록 책에 기록하게 하신 것이다. 지금부터 풍요로운 들이 헤르몬 산의 은빛 이슬로 적셔진 것 같이, 하나님의 사람들이 모든 생명의 양식으로 영양분을 공급받게 될 것이며, 그리하여 모든 쇠약한 혼들의 갈증이 가장 순수한 생수의 샘과 낙원의 영원한 강물을 마시듯이 해소될 것이다."

영어로 번역된 성경이 영어를 읽을 수 있는 모든 사람들의 손에 놓이게 되는 것은 무엇보다도 중요한 일이다. 이것은 킹제임스성경의 번역 자체가 탁월하기 때문이기도 하지만, 성경이 담고 있는 말씀의 가치는 더욱 더 대단하기 때문이다. 과학적 법칙을 알고자 하는 사람에게 자연 현상이 중요하듯, 성경적 진리를 얻고자 하는 사람에게는 성경이 중요하다. 물질세계의 모든 사실들과 현상들에 대해 눈을 닫은 자연 과학자도 큰 오류와 어리석음에 빠지겠지만, 성경에 눈을 닫은 신학자는 더욱 그러할 것이다. 이 복된 책이 없다면, 프로테스탄트 신앙은 아무것도 아니다. 매우 열정적인 학자이자 번역자였던 루터(Luther)는 "이 책 한 권만으로 모든 사람의 혀와 눈과 귀와 마음을 사로잡기에 충분하다."라고 말했으며, "하나님의 말씀이 번성하면, 교회의 모든 것이 번성한다."라고도 말했다.

카톨릭이 사람들로 하여금 자국의 언어로 성경을 자유롭게 접하는 것을 금지하는 것은 성경의 원저자이신 하나님을 모독하는 행위이다. 하나님께서는 선지자들과 사도들을 통하여 성경을 기록하실 때, 사어인 고대어나 알지 못하는 외국어로 기록하지 않으셨다. 하나님께서는 히브리 민족에게 구약성경을 주실 때 그들의 모국어인 히브리어로 기록하셨고, 신약성경을 쓰실 때에도 당시의 다른 언어들에 비해 더 폭넓게 사용되고 이해될 수 있는 헬라어를 사용하셨다. 예를 들어 고린도와 골로새에 있는 교회들이 사도 바울의 영감받은 편지들을 받았을 때, 그 편지들이 그들에게 친숙한 언어인 헬라어로 기록되었기 때문에 오히려 그들에게 어떤 손해가 있었는가? 어째서 현대의 이탈리아 사람들은 그 동일한 사도 바울의 편지들을 모국어인 이탈리아어로 편안하게 읽어서는 안 된다는 말인가?

신약성경이 기록된 당시에는 헬라어가 많은 나라에서 실제로 사용되고 널리 퍼져 있는 언어였기 때문에, 헬라어로 기록된 신약성경이 자유롭게 필사될 뿐 아니라 자유롭게 전해지고 읽힐 수 있었다. 초기 라틴어 역본들도 로마 제국의 모든 계층에 꾸준히 확산되었다. 우리는 테오나스(Theonas) 주교가, 디오클레티아누스(Diocletianus) 황제의 시종장이었으며 이후에 심한 박해자가 된 루치안(Lucian)에게 보낸 경건한 조언으로 가득 찬 편지를 가지고 있다. 테오나스는 "매일 정해진 시간에 성경을 읽고 묵상하지 않은 채로 하루가 지나가게 하지 말라. 성경 읽기를 소홀히 하지 말라. 성경 읽기만큼 마음에 영양분이 되고, 생각을 풍요롭게 하는 것은 없다."라고 말했다.

그러나 크리소스톰만큼이나 이 점에 대해 그토록 자주, 그토록 많이, 그토록 열심히 강조한 사람은 없을 것이다. 그는 신약성경이 기록될 때 사용된 언어인 헬라어로 설교를 했다. 당시에는 성경 필사본이 매우 고가였음에도 불구하고, 그는 가난한 계층의 사람들에게조차 그들이 직업에서 사용하는 작업 도구들을 가지고 있는 것처럼 성경도 가지고 있어야 한다고 강조했다. 그는 대화나 설교를 통하여 청중들에게 교회에서 들려주는 성경 말씀에 만족하지 말고, 가정에서 가족과 함께 성경을 읽어야 한다고 자주 권고했다.

위클리프(Wycliffe)가 성경을 영어로 번역했던 14세기경 영국 의회의 상원 의원들 중에 속해 있던 카톨릭 주교들은 일반인의 성경 이용을 금지하는 법안을 발의했었다. "유서 깊은 랭커스터 왕가의 존 오브 곤트"는 이 법안을 굳건히 반대했다. 이 고귀한 공작은 성경이 자유로이 유통되어야 한다고 굳건히 주장했다. 그는 "영어 성경을 읽은 사람들은 '다른 언어를 사용하는 사람들보다 라틴어를 사용하는 사람들(카톨릭 사제들을 말함) 중에 오히려 이단자들이 더 많다'는 사실을 알게 될 것이다. 교황의 교서들을 통해 확인된 바에 따르면 라틴어를 사용하는 이단자들이 66명이나 되기 때문에, 그들, 즉 영어 성경을 반대하는 자들이 사용하는 라틴어 성경을 읽어서는 안 된다."라고 말하는 사람들에 의해서 지지를 받았다. 당시 논쟁은 영국 의회가 그 법안을 기각함으로써 끝이 났다. 그 법안이 기각된 것은 당연한 것이었다. 하나님께서 저자이시고, 그 주제가 그분의 영원한 진리이며, 영원한 구원을 위한 조건으로서 모든 사람들에게 따르라고 명령하신 그 한 권의 책이 평범한 사람들에게 유통되어 읽히는 것이 위험하다고 생각하는 것 자체가 하나님께 얼마나 큰 신성모독이겠는가?

독실한 과학자였으며, 베이컨 경(Lord Bacon)을 도왔던 로버트 보일(Robert Boyle)은 "나는 성경이 하나님의 말씀이라는 그 위대한 진리로 나를 인도해 준 성경 번역자들의 노력이 시간 낭비였다고 결코 생각하지 않는다. 성경이 하나님의 말씀이라는 사실은 진정으로 위대한 핵심 진리이다. 나는 방어와 공격을 위한 무기들이 잘 갖추어진 무기고로서의 성경을 읽고 묵상할 뿐 아니라, 내가 그곳에 있는 것에 기쁨을 느끼고, 그 구조의 아름다움과 균형과 장엄함을 깊이 숙고하며, 나의 경외감을 증가시키고, 거기에서 전파되고 찬양되는 신성에 몰입하도록 나를 일깨우는, 비할 데 없이 훌륭한 성전으로서의 성경을 읽고 묵상한다."고 말했다.

가장 뛰어난 천재 학자였던 새뮤얼 테일러 콜리지(Samuel Taylor Coleridge)는 자연 과학을 연구하는 데 있어서 보일이 그러했던 것처럼 형이상학 연구에서 심오한 학자였다. 그는 성경에 대해 보일과 동일한 관점으로 임했으며, "내가 진실로 확신하건대, 나의 방식은 나에게 유익하며 도움이 된다. 나는 하나님의 말씀에 대해 더 넓은 시야를 갖게 하고 하나님의 말씀으로부터 더 많은 빛을 받게 해 주는 안경처럼 내 모든 지식들을 사용하려고 노력해 왔을 뿐이다."라고 말했다.

성경을 영어로 번역하는 것에 관한 한, 제임스왕이 소집한 위원회의 주도하에 번역을 담당했던 번역자들보다 더 유능한 번역자 집단을 모으는 것이 불가능하다고 생각하는 것은 당연한 일이다. 그때 이후로도 성경 66권 중의 특정 부분이 개정되어 영어로 출판된 경우가 매우 많았고, 그 개정판들 중의 일부는 당시 가장 뛰어난 학자들에 의해 최상의 노력을 통해 만들어진 것이었다. 그러나 그 누가 그 개정판들 중의 한 권이라도 공인 역본의 자리를 대체할 수 있으리라고 꿈이라도 꾸었겠는가? 이제는 고인이 된 스튜어트(Stuart) 교수는 경건하고 학식 있는 사람이었으며, 순수함이 넘치는 사람이었다. 그는 로마서와 히브리서를 공들여 번역하였는데, 우리가 성경의 로마서와 히브리서를 더 잘 이해하기 위해 그 번역물을 기쁜 마음으로 사용할 수는 있으나, 누가 믿음을 견고히 하거나 믿음의 행위들을 고무하기 위한 신앙적인 목적으로 그 번역물을 이용하려고 생각하겠는가? 그 유명한 교수가 공인 역본을 대체할 목적으로 그 번역물을 만들었다면 그것은 진정으로 이상한 일일 것이다! 영국과 미국의 어떤 성직자에 의해서든, 아니면 기독교계의 공인에 의해서든, 1611년 이래로 이루어진 성경 번역 중에 그 어떤 번역본도 우리의 가족과 강단의 성경인 공인 역본의 역할을 대체할 수 있는 번역본은 한 권도 없었다는 사실은 매우 분명하다. 가장 유능하고 최상의 자격을 갖춘 성직자들에 의해 만들어진 것은 무명의 교사들이나 변절한 성직자들이나 한 가지 생각만 고수하는 종파주의자들에 의해 만들어진 것과는 같지 않을 것이며, "미국 및 해외 성서 연합"을 설립하여 미숙한 번역본을 출판하고도 "수정되고" "개선되었으며" "유일하게 올바르고" 신뢰할 만한 재번역본이라며 과장하고 큰소리치는 자들의 번역본과도 같지 않을 것이다. 이렇게 얄팍한 투기꾼들이 어찌 우리가 앞서 간략한 전기문에서 소개한 존경할 만한 킹제임스성경의 번역자들과 나란히 설 수 있겠는가? 야심과 허풍에 차서 새로운 번역본을 내는 자들은 킹제임스성경의 번역자들과 같은 고대 언어의 전문가들을 흉내 내면서 서류가방을 들고 다닐 만한 자격도 없다. 우리 시대의 젊은이들이 다른 앤드루스(Andrews), 다른 레이놀즈(Reynolds), 다른 워드(Ward), 다른 보이스(Bois)가 번역한 성경을 읽음으로써 성경 원어의 의미에 관한 주석들을 참조하기를 멈췄다고 상상해 보라! 불쌍한 우리 현대인들이 줄 수 있는 도움이라고는 양초 심지의 검게 탄 부분을 잘라 주는 것뿐일 것이며, 그러면 두렵게도 양초는 너무 자주 꺼져 버린다는 사실을 곧 알게 될 것이다. (젊은 세대가 킹제임스성경이 아닌 다른 성경을 읽게 된다면, 기성세대는 더 잘 번역되었다는 새로운 번역본을 계속 출판해 내는 것 이외에는 해 줄 것이 없으며, 그러면 두렵게도 결국 성경의 심오한 조명을 받을 수 없게 된다는 의미이다.) 그들에게는 차라리 셰익스피어의 명작을 대체할 다른 '햄릿'을 만들어 주거나, 17세기의 위대한 서사시를 망각의 그림자 속으로 던져 버릴 다른 '실낙원'을 만들어 주는 것이 더 나을 것이다. 떠돌이 땜장이들이 저질 금속을 계속 사용할지라도, 하나님께서는 성소의 금 기명에 그들의 허접한 금속 조각을 붙이게 허락하지 않으실 것이다. 야금야금 갉아먹기 좋아하는 이 비평가들이 이 영광스럽고 파괴될 수 없는 킹제임스성경에 그들의 보잘것없는 치아를 들이대는 것은 셰익스피어의 작품 "맥베스"에 나온 위협적인 징후만큼이나 있을 수 없는 일인 것이다.

"자신의 긍지의 처소인 하늘에서 높이 치솟아 날던 매 한 마리가
쥐나 잡아먹는 올빼미에게 공격을 당해 쪼여 죽었습니다."

그러나 이러한 사소한 골칫거리들에 너무 많이 신경 쓰는 것은 좋지 않다. 이러한 것들은 그 이전에 나타났던 비슷한 종류들의 운명이 그러했던 것처럼 곧 지나가고 사람들의 기억 속에서 사라질 것이기 때문이다.

킹제임스성경이 번역된 지 200여 년이 지난 현재 상태에서도 여전히 킹제임스성경이 가진 극도의 언어적 완벽성을 주장하는 것은 어려운 일이라고 생각하는 사람이 있을 수도 있을 것이다. 세월의 경과에 따라 성경의 어휘들 중에서 일부는 사용하지 않는 단어가 되었고, 어떤 어휘들은

의미가 서서히 변했으며, 200년 전에는 무난하게 사용되었던 어휘들 중의 일부가 현재에는 어감에 편향이 생기거나 어색한 어휘로 여겨지기도 하기 때문이다. 그러나 킹제임스성경의 번역 연대와 사용된 전체 어휘의 양을 고려해 볼 때, 그러한 단어는 상대적으로 극히 소수에 불과하며, 무능하고 무책임한 책략가들이 스스로 계획한 전면적 수정안을 수용했을 때 발생하는 불이익과 비교해 볼 때, 그 어휘들을 유지하여 성경에 남겨두는 것은 불편하다고 할 정도조차 되지 않는다.

만약 킹제임스성경의 개정판이 필요한 때가 온다면, 제임스왕의 성경 번역 위원회가 수행한 작업의 특징인 신중함과 엄격성을 가지고 개정 작업이 이루어져야 할 것이며, 무엇보다도 그들이 하려는 일이 무엇이며, 그것이 어떻게 이루어져야만 하는지 아는 번역자들에 의해 개정 작업이 이루어져야 할 것이다. 그 개정 작업이란 실로 모든 시대와 모든 인류의 가장 소중한 관심사에 영향을 미치는 광대한 작업일 것이기 때문이다.

성경의 번역에 관한 가장 유능한 전문가들이 킹제임스성경의 우수성에 관하여 어떤 의견을 피력했는지를 알아보는 것이 우리가 가진 이 킹제임스성경에 대한 만족함을 더 고양시켜 주리라 생각한다. 이러한 찬사의 글들은 책 한 권을 넘는 분량이지만, 이 책에서는 그 일부만 소개하는 것으로 충분할 것이다.

서리의 부주교인 조지 헤이크윌즈(George Hakewills) 신학 박사는 "고대 교부들조차도 성경을 기록한 동양 언어들에 그리 능통하지 못했었다. 그러나 금세기에는 그 영역에서 예수 그리스도 이후 지난 열다섯 세기들보다 더 유능한 학자들을 부여받았다."라고 말했다.

유명한 법학자이자 역사가인 존 셀던(John Selden)은 "킹제임스성경은 세계에서 가장 뛰어난 번역 성경이다. 이 성경은 성경 원본의 느낌을 가장 잘 제공해 준다."라고 말했다. 학식 있는 성경 편집자인 브라이언 월턴(Brian Walton) 박사는 9개의 언어로 6개의 대형 2절판 성경들을 편집한 학자로서 유럽의 각국 언어로 된 성경들 중에서 영어 성경인 킹제임스성경을 1위로 평가했다. 심오한 동양어학자인 에드워드 포콕(Edward Pococke) 박사는 그의 미카서 주석서 서문에서 "킹제임스성경은 원문에 매우 부합하기 때문에, 여러 번역들 중에서 킹제임스성경을 우리가 따라야 할 성경으로 선택하는 것이 당연할 뿐 아니라, 우리들 사이에서 가장 권위 있는 성경으로 자리 잡게 되었다."라고 기록하고 있다.

캘커타의 주교이자 헬라어 관사에 관한 저서로 유명한 미들턴(Middleton) 박사는 "킹제임스성경의 문체는 우리 시대의 까다롭고 왜곡된 취향이 요구하는 모든 것을 완전히 뛰어넘는다. 킹제임스성경의 문체는 간결하고, 조화로우며, 활기가 있다. 그리고 매우 중요하게도, 킹제임스성경의 문체는 읽을수록 친숙해지며, 시간이 지날수록 성스럽게 느껴진다."라고 언급했다.

벨러미(Bellamy)라는 사람은 자기 자신이 만든 번역본을 광고하면서 킹제임스성경에 대해 맹목적이고 극단적인 공격을 가하다가 런던 쿼털리 리뷰(London Quarterly Review)의 비난을 받았다. 런던 쿼털리 리뷰는 "그에게는 성경 원문이 가지고 있는 세련미 넘치는 단순성에 대한 감수성과 이해, 섬세한 느낌에서 오는 감동, 경건한 두려움이 없었다. 이러한 것들은 존경할 만한 킹제임스성경의 번역자들이, 영어에 영구한 아름다움과 위풍당당함을 부여한 영어 어법의 온전한 순수성을 일관성 있게 유지했던 것만큼이나, 히브리어 어법의 온전한 순수성을 일관성 있게 유지하며 킹제임스성경 안에 불어넣게 한 것들이다."라고 기록하고 있다.

옥스퍼드 대학교의 아라비아어 교수인 화이트(White) 박사는 "전반적으로 볼 때, 유럽 각국의 교회들은 킹제임스성경에 충분히 만족할 것이며, 각국의 성경 번역본들이 정확성, 순수성, 고상함의 관점에서 킹제임스성경의 우수성을 따르게 될 것이다."라며 찬사를 아끼지 않았다.

노리치의 학자인 존 테일러(John Taylor) 박사는 불행히도 아리우스주의자이지만, 다음과 같은 간증을 남겼다. "킹제임스성경은 현재까지 번역된 영어 성경들 중에서 가장 우수한 영어 성경이다. 킹제임스성경은 신성한 지식의 순수하고 풍부한 샘이며, 하나님의 경영 방침들과 우리의 구원에 대한 명확하고 충분한 진리의 설명을 우리에게 제공해 주므로, 우리가 충분히 만족할 수 있다. 그러므로 킹제임스성경으로 성경을 공부하는 사람은 그것을 마음과 생활 방식에 적절히 적용한다면 영원한 생명으로 오류 없이 이끌어 줄 지식과 믿음을 확실히 얻을 수 있게 된다."

이러한 간증에 더하여 카톨릭의 학식 있는 신학자였으며, 스스로 영어 성경의 재번역을 시도해 보았던 알렉산더 게디스(Alexander Geddes) 박사조차도 다음과 같은 간증을 남겼다. "제임스 1세에 의해 만들어진 영어 성경에 최고의 찬사들이 주어져 왔다. 영국의 문필가들에 의해서도 그러하였고, 외국인들에 의해서도 그러하였다. 진실로 본문에 대한 정확성과 충실성을 갖추는 것과, 철자에 대해 매우 엄격한 주의를 기울이는 것이 뛰어난 번역본의 품질을 결정하는 요소라 할 때, 모든 번역본들 중에서 킹제임스성경이야말로 가장 뛰어난 번역본으로 인정되어야 한다. 모든 문장, 모든 단어, 모든 음절, 모든 문자와 구두점이 본문에서나 주석에서나 최상의 정밀성을 가지고 상호작용하고 있으며, 가장 정확하게 표현되고 있다. 파니누스(Pagninus)라 할지라도 킹제임스성경만큼 원문의 뜻이 그대로 전달되도록 번역하지는 못했을 것이다. (파니누스는 성경 원문을 라틴어로 번역하면서 문자 뜻 그대로 번역한 것으로 유명한 카톨릭 학자이다.) 이 사실은 이미 100년도 더 전에 로버트슨(Robertson)에 의해 잘 언급된 바 있다. 그러므로 킹제임스성경은 다른 번역에 도움을 줄 수 있을 뿐만 아니라, 아예 히브리어 사전으로 사용할 수 있을 정도로 정확하다."

웨슬리교파인 애덤 클라크(Adam Clarke) 박사는 성경 주석서 서문에서, 정확성과 충실성에 있어서 킹제임스성경이 다른 유럽어 번역본들보다 더 뛰어나다고 말하면서, 다음의 요점을 분명히 언급했다. "이것은 단순한 찬사가 아니다. 킹제임스성경의 번역자들은 원문을 기록한 바로 그 영과 혼에 맞닿아 있었다. 그래서 그들은 성경의 모든 부분에서 공감과 활력을 가지고 이것을 표현했다. 그들은 표준 번역본을 만들어 냈을 뿐만 아니라, 그들의 번역이 우리 언어의 표준이 되게 했다."

스튜어트(Stuart) 교수는 고전에 집착하지도 않고 새로운 것에 위축되지도 않는 학자로서 다음과 같이 피력한 바 있다. "총괄적으로 말하자면 킹제임스성경은 그것이 만들어진 시대의 매우 고귀한 산물이다. 그 시대의 성직자들은 그들의 뒤를 이은 잉글랜드와 스코틀랜드의 학자들과는 매우 다른 히브리어 학자들이었다. 이사야서에 관한 로우스(Lowth) 주교의 고전적인 저작을 제외하고는, 영국 성직자들에 의해 이루어진 번역들 중에서 그 어떤 것도 히브리어의 어감과 의미, 적절한 이해의 측면에서 공인 역본인 킹제임스성경과 감히 비교될 수 없을 것이다."

불필요하게 많은 수의 증인들로 법정을 가득 채우는 것이 우리의 목표가 아니기 때문에, 권위 있고 신중한 학자인 토머스 하트웰 혼(Thomas Hartwell Horne)의 "성경의 비평적 연구와 지식에 관한 개론"이라는 매우 유용한 글의 일부를 소개함으로써 전문가들의 증언을 마감하고자 한다. "우리는 존경받아 마땅한 킹제임스성경 번역자들의 온전함과 지혜와 충실성과 학식에 관하여 감사와 존경의 마음을 가질 수밖에 없다. 그들의 경건한 노력으로 말미암아 오늘날 우리가 혜택을 입고 있는 것이다. 그들은 성경에 대한 경외심으로 가능한 한 최선을 다해 문자 뜻 그대로의 번역을 함으로써 성경의 의미에 모호함이 없게 하면서도, 표현에 있어서는 언어의 단순성과 품위가 매우 잘 유지되게 하였다. 또한 히브리어의 어법을 준수하면서도 동시에 우리의 말인 영어를 풍요롭고 아름답게 만들어 주었다."

우리가 충실성과 우수성에 있어서 이렇게 충분한 보증수표를 가지고 있는 킹제임스성경에 대해 만족하고 크게 감사하는 것은 당연하다 하겠다. 만약 우리가 만족하지 않는다면, 새로이 공인되어 채택될 영어 성경에 의해 대체되어야 하는, 이미 보급된 킹제임스성경의 어마어마한 양을 생각할 때, 가히 경악스럽다 해야 할 것이다. 현 세기가 시작된 이래로 영국과 미국의 성경 공회가 출판한 킹제임스성경의 양은 약 3,700만 권에 이른다. 앤더슨(Anderson)이 공들여 계산한 바에 따르면, 훨씬 더 많은 수의 킹제임스성경이 개인 출판업자들에 의해서 출판되었다. 현재 이 엄청난 판매 수량은 과거 어느 때보다 더 빠른 속도로 증가하고 있다. 어떠한 책도 이렇게 막대한 양이 판매된 적이 없으며, 어떠한 책도 이토록 많이 무료로 배포된 적이 없다. 의심할 바 없이 사용되어 낡아 폐기된 것을 감안하더라도, 현재 적어도 2,500만 권의 킹제임스성경이 실제로 사용되어 읽히고 있다. 다른 성경에 의해, 특히 그 번역이 킹제임스성경과 매우 다르다면, 이 모든 킹제임스성경이 대체된다는 것은 있을 수 없는 일이다. 그런 일은 극히 자제하여 표현하더라도 상상에나 가능한 것이다.

한 가지 더 고려할 것은 현재 사용되는 번역본인 킹제임스성경의 언어가 영어로 기술된 모든 성경 관련 문헌들에서 광범위하게 사용되어 왔다는 것이다. 또한 킹제임스성경의 언어는 영어를 사용하는 모든 그리스도인들의 신앙적 체험과 감성에 스며들어 있다. 진실로 새로운 번역본을 도입한다는 것은 그것이 킹제임스성경과 매우 다르지 않을지라도, 그렇게 전면적인 변화를 정당화할 만한 근거가 전혀 없으며, 아울러 일반 대중의 마음에 매우 당황스러운 노력을 기울이게 하는 것이고, 무한한 번거로움을 야기하는 것일 뿐이다. 킹제임스성경은 수백만 명의 주일 학교 학생들과 종교에 관해 문의하는 사람들의 교과서이고, 온유하고 성결한 조직들에 의해 신성시되었기 때문에, 이 성경을 폐기하려는 의도는 많은 독실한 성도들에게 오직 신성 모독으로만 여겨질 것이다. 독실한 성도들은 킹제임스성경이 우리와 우리의 부모와 친구들이 구원을 받고 하나님의 축복을 얻기에 충분한 성경이라고 말할 것이다.

다양한 기독교 교파들이 각각의 교파 내에서 사용할 목적으로 다른 번역들을 만드는 것은 특히 반대되어야만 한다. 우리의 공인 역본은 영국 국교회에 소속된 학자들에 의해서 번역되었으나, 영국 국교회를 반대하는 사람들 앞에서 번역되었기에 편협하지 않게 그리고 성실하게 번역되었다. 이런 이유로 킹제임스성경은 놀랍게도 전체적으로 교파주의적 성향이 없이 만들어졌다. 그래서 지금까지 모든 프로테스탄트 교파들이 확신을 가지고 이 킹제임스성경을 공정한 최종 권위로서 사용해 온 것이다. 프로테스탄트 교파들에게 있어서, 킹제임스성경은 항상 공동의 기준이었다. 프로테스탄트들은 킹제임스성경에 입각하여 로마카톨릭의 권리 침해와 사기 행각에 대항하여 경주를 계속해 왔다. 이제 만약 각각의 교파들이 스스로 자기 교파의 특정 교리에 적합하도록 조정한 새 번역본들을 출판한다면, 각 교파들은 그 번역본들을 로마카톨릭에 대항하는 기준으로 제시하는 것처럼 서로를 향해서도 기준으로 제시하게 될 것이다.

프로테스탄트 교파들이 각각 자기들만의 번역본을 만드는 것은 대중들이 의뢰하고 적용할 공동의 "믿음의 기준"을 떠남으로써 프로테스탄트 교파들 간의 모든 상호적 공감을 단절하는 행위가 될 것이다. 각 신앙 집단마다 자기들만의 "믿음의 기준"을 가진다는 것은 번역본의 수만큼 분리된 기독교 집단이 존재하게 된다는 것을 의미한다.

그것을 만든 사람들이 속한 집단에 의해서만 인정받는, 엄격하고 배타적인 교파주의적 성경이 많이 만들어진다는 것은 회의주의와 불신앙에게 승리를 선포해 주는 것과 같다. 만약 어떤 소수의 교파들이 그들만의 성경을 모색한다면, 그것은 자살 행위로 판명될 것이다. 왜냐하면 우리가 오랫동안 받아들여 온 번역본이자 교파적 성향이 철저하게 배제된 킹제임스성경이 그들에게 맞지 않다는 사실과, 그들의 대의명분을 도와주기 위해 특별히 제작된 새로운 번역본 없이는 그들 자신의 교파를 존속시킬 수 없다는 사실을 실제적으로 자백하는 행위이기 때문이다. 공인 역본인 킹제임스성경을 유지하는 교파들은, 앵글로 색슨족에게 사랑과 경외감을 불러일으켜 온 '킹제임스성경의 명성과 권위와 영향력'의 모든 혜택을 누리게 될 것이다.

킹제임스성경은 거의 250년 동안 공인 역본으로 사용되어 왔다. 이 기간 동안에 영어를 사용하는 모든 세대들이 이 성경을 자유롭게 유통하고 판매하였다. 킹제임스성경은 개척자들이 영국에서 처음으로 대서양을 건너 아메리카로 옮겨 가는 그 적절한 시기에 만들어졌다. 그 시기 동안에 영국의 통치권은 수차례 바뀌었고, 미국은 가장 위대한 공화국이 되었다. 또한 과학은 정치보다 더 도약하며 발전하였고, 기술은 놀라운 발명품들과 발견들로 거의 새로운 사회를 만들어 냈으며, 새벽 여명 같던 대중의 지성은 대낮의 광명처럼 계몽되었고, 철학은 질문과 탐색의 수많은 영역을 쉴 새 없이 넘나들었다. 신학도 전진과 후퇴를 수없이 반복하면서 돌진해 왔는데, 그것은 마치 바람과 파도에 맞서 항구로 피난하고자 하는 배가 침로를 잃어 진입하지 못하자 다른 침로를 찾아 나아가는 것과 같은 모습이었을 수도 있다.

여기저기서 어떤 사람들은 수군거리거나 우려를 표명했고, 어떤 사람들은 불평하고 큰 소리로 욕을 했으며, 어떤 사람은 "개선"되고 "교정"되었다는 새로운 번역본 속에서 자기들의 학식을 드러내고자 했지만, 그들은 대부분의 성경 독자들에 의해 외면당해 왔다. 공인 역본인 킹제임스성경은 오히려 이 시대에 더 큰 사랑을 받고 있다. 킹제임스성경은 그 수요가 더 커져서 출판사들에 의해 더 많이 출판되고 있으며, 기독교 출판 예술의 발달로 더 아름답게 디자인된 책으로 출판될 뿐 아니라, 과거에 비해 더 여러 지역의 해외로 확산되고 있다. 또한 킹제임스성경은 지적이고 문명화된 사람들과 진보적인 사람들 사이에서 전례 없는 인기를 누리고 있다. 다른 중요한 일에는 보수주의적 성향이 거의 없는 한 민족에게서 존경과 숭앙을 그토록 강력하게 유지해 온 성경이라면, 그 성경 안에는 보이지 않는 우수성이 자리 잡고 있는 것이 분명하다. 다른 모든 것이 사라져 버릴지라도 주님의 말씀은 살아 있고 영원히 거할 것이다.

이렇게 지속되어 온 킹제임스성경의 인기가 부분적으로는 번역자들의 개인적인 성품, 심오한 학식, 지고한 경건성으로 설명될 수도 있다. 매우 우수한 이전 번역본들과 개정판들을 잘 계승함으로써 번역의 방식이 잘 예비되어 있었기 때문에, 킹제임스성경의 번역자들은 성경 서문에서 겸손하게도 “새로운 번역본을 만들 필요도 없었고, 나쁜 번역본을 좋게 만들 필요도 없었다. 단지 좋은 번역본을 더 좋게 만들거나, 여러 좋은 번역본들로부터 기준이 되는 하나의 번역본을 만들 필요가 있었다.”라고 말했다. 킹제임스성경의 번역자들이 그들보다 앞서 영어 성경을 번역했던 경건한 사람들과 순교자들의 도움을 많이 입은 것은 사실이지만, 킹제임스성경은 본질적으로 독창적이다. 킹제임스성경은 매우 신중하고 성실하게 그리고 세심한 주의를 기울여 만들어졌기 때문에, 킹제임스성경을 자기들이 만든 다른 번역본으로 대체해 보고자 했던 사람들일지라도 킹제임스성경을 극찬할 수밖에 없었을 것이다. 마치 발라암이 이스라엘 민족을 축복했던 것처럼 말이다.

휘태커(Whitaker) 박사는 "우리는 킹제임스성경의 번역자들이 악한 시대와 악한 혀들에 의해 어려움을 겪는다고 너무 성급히 결론 내리지는 말자. 왜냐하면 재능과 진실성뿐만 아니라 학식에 있어서도 번역자들보다 못한 어떤 사람이 번역자들의 동기에 의문을 품는다거나, 번역자들이 이미 매우 훌륭하게 수행해 낸 그 번역을 감당할 만한 자격이 없었다고 말하는 일은 가끔 일어나기 때문이다. 킹제임스성경은 세상의 어떤 번역본과 비교하더라도 걱정할 필요가 없는 성경이다. 킹제임스성경은 가장 엄격한 시험하에서도 위축되지 않았으며, 흠을 잡으려는 어떠한 연구에도 당당히 응했다. 다른 번역본으로 대체하려는 무수한 시도가 있었음에도 불구하고, 지금까지 이 나라의 사랑을 받으며 타의 추종을 불허하는 번역본으로 우리 곁에 남아 있다."라고 말했다. 누가 새 포도주를 오래된 병에다 부어 넣자고 주장할 만큼 그렇게 무모하고 몰상식하겠는가? 차라리 강력한 킹제임스성경 옹호자인 토드(Todd) 박사처럼 강한 어조로 외치자. "우리가 어렸을 적부터 알았고 사랑해 온 이 책을 솟구치는 기쁨으로 들어 올리라. 그리고 '옛 친구를 저버리지 말라. 새 친구는 옛 친구와는 비교도 안 되기 때문이다.'라는 옛말을 성급히 위반하지 말라."

설혹 번역이 절대적으로 완벽하지 않다거나 완벽하지 않은 부분을 공정한 관점에서 수정 가능하다고 생각하는 사람이 있다 할지라도, 그리스도인 대중은 매우 훌륭하게 이룩된 이 번역이 그렇게 시험당하는 것을 참아 주지 않을 것이다. 앞서 기술된 번역자들의 간략한 전기문에서 이미 증명된 바와 같이, 오늘날 영국과 미국을 통틀어, 제임스왕에 의해 소집된 번역자들과 동등한 학식을 가진 동일한 수의 교수들과 성직자들을 모아 번역자 집단을 구성하는 것은 불가능하며, 설혹 번역자 집단을 구성했다 할지라도, 새로운 번역 작업에 대하여 교회들이 그들을 충분히 신뢰할 만하다는 확신을 가지는 것도 역시 불가능할 것이다. 공인 역본은 지구상 모든 앵글로 색슨족의 언어, 문학, 관습, 의견, 성향, 제도, 역사, 종교 그리고 그들의 전 생애와 발전에 미친 막대한 영향을 통하여 이미 필수품이 되어 버렸다.

킹제임스성경의 번역과 출판, 그리고 보급에 역사하신 하나님의 섭리와 그 섭리 속에서 일어난 많은 놀라운 일들을 고려하고, 또한 성경이 오늘날의 수많은 사람들에게와 앞으로 태어날 수많은 사람들에게 있어서 카톨릭에 대한 유일한 방패요, 하나님에 대한 불신을 막는 유일한 안전장치임을 고려할 때, 우리는 완전 영감 그 자체는 아닐지라도, 번역자들이 무한한 하나님의 도우심으로 그 일을 이루어 낸 적임자들임을 주장하지 않을 수 없다. 경박한 사두개인들의 거만한 태도나 문학적 범신론자들의 동정하는 미소 따위에 개의치 않고, 우리는 이것을 주장하는 바이다. 그리스도인들의 믿음의 근원인 성경 원본을 기록하는 순간에 성령에 의해 감동을 받은 선지자들과 사도들과 고대의 거룩한 사람들에게 임했던 영감과 동일한 영감을 킹제임스성경의 번역자들이 받은 것은 아닐 것이다. 성경 기록자들이 받은 그러한 영감은 다른 기적들과 마찬가지로 그것 자체가 하나의 기적이다. 그리고 그러한 영감은 전적으로 지극히 높고 월등한 목적을 위해 선택된 사람들에게만 속한 것이다.

그러나 우리는 번역자들이 이 땅 위에서 그분의 왕국에 깊은 관심을 가진 하나님의 진정한 종들에게만 부여되는 매우 높은 수준의 인도하심을 향유했다고 생각한다. 그런 특별한 인도하심과 영적인 도우심은, 살아 계신 하나님의 교회에 대해 헤아릴 수 없이 중요한 목적을 이루시기 위해, 기도하는 자들과 고통받는 자들의 경건한 모임이 있는 곳이면 언제나 제공되는 것이다. 인류에게 하나님의 뜻을 초자연적으로 계시하셔야 할 필요성은 그러한 계시가 이루어져야 할 극단적인 개연성이 있을 때 자주 입증되어 왔다. 동일한 필요성이 출판과 같은 일에서 믿음을 위해 입증될 수 있을 것이다. 하나님의 뜻을 계시하는 모든 성경 번역본을 출판하는 일은 가장 중요한 일로서 하나님의 특별한 인도하심과 그분의 섭리적인 돌보심 아래에서 이루어져야만 하는 것이기 때문이다. 성경 번역본이 구세계와 신세계의 가장 자유롭고 지적인 국가들의 필요성을 충족시키는 방식은 당연히 우리가 신념을 가지고 확신할 수 있는 것이어야 하기 때문에, 하나님께서는 킹제임스성경의 번역과 출판을 도우시고 인도하시는 풍요로운 은혜 속에도, 성경 원문을 기록하도록 조명을 주신 바로 그 성령을 부여하신 것이다.

이 존경할 만한 번역본을 읽는 독자들은 성경 저자들이 의도한 바에 따라 성경을 올바로 이해하기 위해 당연히 모든 도움을 활용해야 할 것이다. 그러나 성경 그 자체가 제공하는 도움 외에 다른 도움을 얻을 수 없는 사람은, 기도로 공부하고 성경을 성경으로 대조함으로써, 하나님의 뜻을 안전하게 해석하는 수단으로 성경 그 자체에만 의존해도 좋다. 그러면 그 사람은 부분적인 성경 말씀을 너무 엄격히 준수함으로써 오히려 하나님을 불쾌하시게 하는 상황은 결코 일으키지 않게 될 것이다.

공인 역본을 읽는 일반 대중의 확신을 흔들어 놓으려고 시도하는 사람들은 누구라도 조난 직전의 배 위에 자기들의 믿음을 둔 것이다. 그들은 돛을 조절하는 밧줄을 놓고서 큰 파도 속에 자기들의 혼을 던져 넣는 자들이다. 우리는 그러한 모든 시도에 대항하여, 성경 원어를 모르기 때문에 자신의 모국어로만 하나님의 말씀들을 이해할 수 있는 사람들에게 이러한 사실을 충분히 경고해 주어야 한다. 그들로 하여금 그분의 사랑과 그분의 뜻과 그분의 구원을 가르치기 위해서 인류 전체에게 말씀해 오신 온전히 자비로우신 하나님 외에는 아무도 두려워하지 않게 해야 한다. 하나님께서는 오늘날 영어를 사용하는 5,500만 명의 사람들을 보살피시면서, 구원의 믿음과 거룩한 삶의 전반에 걸쳐 가장 확실하고 충분한 방식으로 하나님의 가르침을 반복적으로 알려 주셨다. 오늘날까지 그리스도인들이 맺은 가장 훌륭한 열매들은 킹제임스성경이 뿌린 씨들로부터 나온 것이다.

바른 성경을 찾아서 15

킹제임스성경의 번역자들

초판1쇄 / 2022년 3월 31일
초판3쇄 / 2022년 7월 20일
지은이 / 알렉산더 맥클루어
옮긴이 / 장 준 익
펴낸이 / 말씀보존학회
펴낸곳 / 말씀보존학회
등록 / 제409-2022-000036호
주소 / 서울 강서우체국 사서함 90호
전화 / (02) 2665-3743 · 팩스 / (02) 2665-3302

값 14,000원